Hans-Werner Deppe

Sind Sie auch katholisch?

Der Heilsweg von Kirche
und Bibel im Vergleich

betanien

Überarbeitete Neuausgabe 2011
2. Auflage 2016

© 1996, 2011 by Hans-Werner Deppe
Betanien Verlag e.K.
Postfach 14 57 · 33807 Oerlinghausen
www.betanien.de · info@betanien.de
Lektorat: Wolfgang Zöller
Umschlaggestaltung: Peter Voth, Kreuzau
Satz: Betanien Verlag
Herstellung: drusala.cz

ISBN 978-3-935558-21-1

Inhalt

Anhang

Der aufschlussreiche Aufkleber

An der Heckscheibe eines parkenden Autos sah ich einen kleinen Aufkleber mit der Aufschrift: »SOS – ruft mir einen Priester bei Lebensgefahr.« Den Besitzer dieses Wagens war offenbar ein Katholik, der auf diese Weise seinen Glauben zum Ausdruck brachte. Ich empfand beim Anblick des Aufklebers eine gewisse Bewunderung für ihn: Er ist überzeugt, dass mit dem Tod nicht alles vorbei ist, sondern dass es weitergeht und dass der Tod nur die Schwelle zu einem neuen Leben ist. Er glaubt ferner an die Möglichkeit, nach dem Tod auf eine gute, angenehme Weise in der Gegenwart Gottes weiterzuleben, ohne Angst um Krankheit, Geld, ohne Streitigkeiten, dafür mit tiefem Frieden und in völliger Freude. Außerdem glaubt er, dass es andererseits möglich ist, dieses Leben im Himmel zu verpassen und stattdessen in ein Dasein zu treten, das kein Leben, sondern ewiges Sterben und ewiges Leid ist. Und er weiß anscheinend darum, dass er nicht aus eigener Kraft den Weg in die ewige Seligkeit bewältigen kann; er fürchtet vielmehr das ewige Verlorensein. Schließlich sehnt er sich aber nach Sicherheit und Gewissheit, nach jemanden oder irgendetwas, der oder das ihm die Garantie des ewigen Lebens gibt.

Ich bewunderte denjenigen, der diesen Aufkleber an seinem Auto angebracht hat, weil er mit all diesem entschieden an das glaubt, wovon die Bibel spricht und was Jesus Christus selbst bezeugt hat. Tatsächlich ist Jesus Christus ja gerade deshalb in diese Welt gekommen, um den Weg zum ewigen Leben zu zeigen und überhaupt erst zu öffnen.

Leider trübt ein dunkler Schatten meine Bewunderung. Dieser Katholik hat seinen Glauben, sein Vertrauen, darauf gesetzt, dass ein Priester bzw. durch diesen die römisch-katholische Kirche ihn ins ewige Leben bringen könne. Wie mag jener Autofahrer wohl zu dieser Überzeugung gelangt sein? Hat er sie vielleicht von seinen Eltern übernommen? Hat er es schon als Kind im Religions- oder Kommunionunterricht so gelernt? Oder hat er sich wirklich eingehend mit dem katholischen Glauben auseinandergesetzt und ist so zu einer tiefen persönlichen Überzeugung gelangt? Doch weiß der typische Katholik eigentlich, was die Kirche offiziell über den Weg ins ewige Leben lehrt? Und weiß er, was die Bibel über den Weg der Errettung sagt, und ob es Unterschiede zwischen der römischen und der biblischen »Version« des Evangeliums gibt?

Das Anliegen dieses kleinen Buches ist es, ein wenig Abhilfe zu leisten, was die Unwissenheit vieler Katholiken bezüglich des Wegs zum ewigen Leben, des Evangeliums, betrifft. Es zeigt die offizielle römisch-katholische Lehre zu zentralen Fragen des Seelenheils auf und stellt sie den entsprechenden Aussagen der Bibel gegenüber. Dabei soll es vor allem den Einzelnen dazu ermuntern, über seine eigene Glaubensüberzeugung und sein persönliches Verhältnis zu Gott nachzudenken. Es soll ein Buch sein *für* den persönlichen Glauben an Gott und an sein Wort. Es soll die Frohe Botschaft des ewigen Lebens verdeutlichen und auf den aufmerksam machen, nach dem sich Christen benennen, an den sie glauben und der von sich sagte: »Ich bin der Weg und die Wahrheit und das Leben; niemand kommt zum Vater als nur durch mich« (Joh 14,6).

Was war zuerst – Kirche oder Bibel?

Leichter als jene bekannte Frage, ob zuerst das Huhn da war oder das Ei, ist diese Frage nach Kirche oder Bibel zu beantworten. Die römisch-katholische Kirche ist sehr alt.

Seit wann genau sie besteht, darüber gibt es verschiedene Auffassungen. Manche meinen, sie sei beim Pfingstereignis in Jerusalem gegründet worden, obwohl die dort an jenem Tag entstandene Gemeinde ja nicht gerade römisch war; andere datieren ihren Anfang auf Mitte des 2. Jahrhunderts nach Christus, als die örtliche Gemeinde in Rom allmählich eine überregional dominierende Rolle einnahm.

Historisch richtiger ist jedoch das Jahr 313 n. Chr., als Kaiser Konstantin der Christenverfolgung im Römischen Reich ein Ende machte und dem Christentum auch noch den Vorzug vor allen anderen Religionen gab. Dadurch erhob er sich sogar selbst zum Oberhaupt der Kirche im Römischen Reich. Dieses Amt sowie den kaiserlichen Titel »Pontifex Maximus« erbte später der Bischof der Kaiserstadt – der seitdem über eine in der Tat römische Kirche regiert.

Allerdings war damit noch lange nicht die römisch-katholische Kirche in der Form entstanden, wie wir sie heute kennen. Viele katholische Lehren und Praktiken waren damals noch unbekannt und sollten erst viele Jahrhunderte und zum Teil sogar über ein Jahrtausend später zu weithin verbreiteter Praxis und in verbindlichen Dogmen festgelegt werden.

Die Bibel ist ebenfalls sehr alt, mindestens so alt wie die römisch-katholische Kirche und zu weiten Teilen wesentlich älter. Allerdings unterlag die Bibel seit ihrer Vollendung in frühchristlicher Zeit keiner Entwicklung und Veränderung mehr. Das haben gerade neueste Funde von Handschriften der Bibel aus ältester Zeit sowie viele weitere Indizien bestätigt.[1]

Wenn sich die römisch-katholische Kirche im Lauf der Jahrhunderte entwickelt und verändert hat, die Bibel

---

[1] Siehe dazu z.B. Josh McDowell: *Die Bibel im Test,* Bielefeld: CLV

hingegen gleichgeblieben ist, dann dürfen wir berechtig-
terweise fragen: Hat sich die Kirche in ihrer Entwicklung
möglicherweise von der Bibel entfernt? Ist die Bibel überhaupt Grundlage und Richtschnur der römisch-katholischen Kirche? Wenn Unterschiede zwischen biblischer
Lehre und den Lehren der römisch-katholischen Kirche
bestehen, worauf ist das zurückzuführen und wie bedeu-
tend sind diese Unterschiede? Ist es möglich, dass diese
Unterschiede sogar von grundlegender Bedeutung für den
persönlichen Glauben, das persönliche Verhältnis zu Gott
und womöglich für das eigene Seelenheil sind?

Eigentlich ist es für Katholiken beruhigend und sogar
Grund für ein wenig Stolz, der ältesten und größten Kon-
fession anzugehören. Doch wenn das der einzige Grund für
das Vertrauen in die römisch-katholische Kirche ist, dann
hat dieses Vertrauen ein nicht gerade tiefes und festes Fundament. Kann die Kirche und ihre Lehre einer Prüfung an
dem gottgegebenen Maßstab standhalten – dem Maßstab
der Heiligen Schrift?

Wenn die römisch-katholische Kirche auch die Bezeichnung »apostolisch« trägt, so ist es doch umso erstaunlicher,
dass ein beträchtlicher Teil ihrer Lehren – wie wir sehen
werden – in der Bibel nicht zu finden ist. Auch das Apostolische Glaubensbekenntnis – eine von allen Christen[2]
akzeptierte Zusammenfassung christlicher Glaubensinhalte – enthält etliche speziell katholische Lehren nicht. Und
doch ist jeder Katholik verpflichtet, alles zu glauben, was
die Kirche ihm »zu glauben vorlegt«.[3]

---

[2] Sekten wie die Zeugen Jehovas, die die Gottheit Jesu ablehnen,
    ausgenommen; diese sind aber auch keine Christen im biblischen
    Sinne
[3] II. Vatikanisches Konzil, in: *Katechismus der Katholischen Kirche*,
    Nr. 891

Wer lediglich das Apostolische Glaubensbekenntnis bejaht, ist damit also noch nicht automatisch ein im Sinne der römischen Kirche »gläubiger« – der Kirche gehorsamer – Katholik. Denn ein wirklich treuer Katholik muss auch an die Autorität des Papstes, an die wundersame Wirksamkeit der Sakramente, an die Sündlosigkeit Marias und ihre Mittlerrolle etc. glauben. Aber: Das Apostolische Glaubensbekenntnis ist zwar eine biblisch richtige Zusammenstellung einiger zentraler Glaubenssätze, doch genügt es als Glaubensinhalt für seligmachenden Glauben nicht: Wer ihm zustimmt, ist nicht automatisch ein im Sinne der Bibel gläubiger Christ. Wenn seine Inhalte (Dreieinigkeit Gottes, leibliche Auferstehung Jesu usw.) auch durchaus richtig sind, so sagt dieses Kredo noch nichts darüber, wie man überhaupt Christ und somit Kind Gottes wird. Es enthält nicht das »Evangelium … Gottes Kraft zum Heil jedem Glaubenden« (Röm 1,16), keinen Hinweis auf den *persönlichen* Glauben an Jesus Christus als eigenen, persönlichen Erlöser und Herrn, der einen Christen auszeichnet. Auch Gruppen wie die Mormonen, die Jesu Tod am Kreuz nicht als göttliches Sühneopfer anerkennen und darin nicht den Heilsweg sehen, bekennen das Apostolische Glaubensbekenntnis, aber dadurch werden sie noch nicht zu Christen im Sinne der Bibel.

Wir sollten sowohl die katholische als auch die biblische Lehre etwas tiefergehend beleuchten. Um dabei die Lehren der römisch-katholischen Kirche sachgemäß darzustellen, werden wir häufig aus ihren offiziellen Dokumenten zitieren. Das ist in erster Linie der sogenannte Universal- oder Weltkatechismus – der 1993 erschienene, weltweit standardisierte *Katechismus der Katholischen Kirche*.[4] Da in die-

---

[4] Erschienen z.B. bei Oldenbourg, München 1993

sem Katechismus die katholischen Lehren vielfach nur in
abgeschwächter Form dargestellt sind, werden ferner Texte
vom II. Vatikanischen Konzil in bischöflicher genehmigter
Übersetzung aus dem *Kleinen Konzilskompendium*[5] oder
aus dem offiziellen katholischen Lehrbuch *Der Glaube der
Kirche in den Urkunden der Lehrverkündigung*[6] angeführt.
Letzteres dient auch als Quelle für ältere kirchliche Doku-
mente, wie z. B. vom Konzil zu Trient, das im Zuge der Ge-
genreformation in den Jahren 1545 bis 1563 durchgeführt
wurde.

Wichtig zu bedenken ist dabei: Die jahrhundertealten
Lehrbeschlüsse aus diesen Konzilien gelten keineswegs als
überholt, sondern weiterhin als offizielle und unfehlbare
Lehre der römischen Kirche. Der Einwand, die römische
Kirche habe sich seit dem Mittelalter und der Gegenrefor-
mation doch sehr verändert, ist falsch. Die röm.-kath. Kirche beharrt ausdrücklich darauf, dass die alten Lehrsätze
als unfehlbare Dogmen heute verbindlich und gültig sind.
So hat es auch das II. Vatikanische Konzil ausdrücklich
bestätigt:

... diese Heilige Synode ... legt die Beschlüsse des II.
Konzils zu Nicaea [aus dem Jahre 787], der Konzilien
zu Florenz [1438 – 1445] und von Trient [1545 – 1563]
wiederum vor.[7]

Heute ist es unter Katholiken vielfach verbreitet, einen eigenen, selbstdefinierten und »zeitgemäßen« Glauben nach

---

5 Von K. Rahner u. H. Vorgrimler, erschienen bei Herder, Freiburg
   1966
6 Neuner-Roos, erschienen bei Pustet, Regensburg, 8. Auflage 1971
7 Rahner/Vorgrimler, *Kleines Konzilskompendium*, Herder 1969, S. 185

der Art der Forderungen eines »Kirchenvolksbegehrens« zu vertreten. Diese Möglichkeit räumt die Kirche allerdings gar nicht ein. Und wichtiger: Wenn ein Katholik in seiner Auffassung über das Zölibat von der Kirche abweicht (und wie die Bibel das Zölibat ablehnt), ist er dadurch noch nicht errettet. Denn Themen wie Zölibat, die Frauenfrage usw. sind nicht die Hauptsache, sondern die Hauptsache ist die Frage: Wie wird man von seinen Sünden errettet? Die wichtigste Frage, die wir uns stellen müssen, lautet: »Wie bekomme ich ewiges Leben?« Auf diese Frage gibt sowohl die katholische Kirche als auch die Bibel verbindliche Antwort. Ob die Antwort der katholischen Kirche mit der Heiligen Schrift übereinstimmt oder von der Antwort der Bibel abweicht, werden wir in den folgenden Kapiteln eingehend untersuchen.

Wenn jemand der katholischen Kirche schon in weniger wichtigen Dingen wie Zölibat usw. nicht zustimmen und vertrauen kann, ist es dann für ihn vernünftig, dieser Kirche dennoch in der allerwichtigsten Sache – der Frage nach dem ewigen Heil – sein Vertrauen zu schenken? Dies ist die Frage, um die es letztlich geht: Auf wen oder was vertrauen Sie, wenn es um Ihr ewiges Leben geht? Wem vertrauen Sie Ihre Seele an? Vertrauen Sie auf die Kirche und deren Mittel, oder auf sich selbst und Ihre Anschauungen und Fähigkeiten – oder auf Gott, der in seinem Wort zu Ihnen spricht, und auf seinen Sohn Jesus Christus, der in die Welt gekommen ist, »zu suchen und zu retten, was verloren ist« (Lk 19,10)?

»Was ist Wahrheit?«

Kirchliche Überlieferung und die Heilige Schrift

Bevor wir beginnen, uns näher mit den Lehraussagen der römisch-katholischen Kirche zu befassen, ist es wichtig festzustellen, was die Glaubensgrundlage dieser Kirche und was Grundlage unserer Diskussion ist. Worauf stützt die katholische Kirche ihren Glauben und worin unterscheidet sich der Glaube eines Katholiken von anderen Christen? Wir haben bereits in der Einleitung gesehen, dass die Glaubenssätze des Apostolischen Glaubensbekenntnisses als Grundlage unzureichend sind.

Da der christliche Glaube nicht auf menschlichen Ideen und Vorstellungen beruht, sondern auf der Offenbarung Gottes, also auf dem, was Gott selbst dem Menschen mitgeteilt hat, müssen wir nach dieser verbindlichen Gottesoffenbarung fragen. Diese Offenbarung stellt dann die maßgebliche und originale Quelle unserer Glaubensinhalte dar – eine Quelle, die als verbindliche Wahrheit autorisiert ist.

»Was ist Wahrheit?« (Joh 18,38). Dies ist eine berühmte und vieldiskutierte Frage, die der Herr Jesus selbst beantwortet hat: »Ich bin der Weg und die Wahrheit und das Leben« (Joh 14,6), und »dein [Gottes] Wort ist Wahrheit« (Joh 17,17). Jesus Christus selbst ist ja das Wort Gottes (Joh 1,1.14; Offb 19,13). Deshalb ist der Glaube an ihn dasselbe wie der Glaube an das Wort Gottes. Er selbst stellt sein Wort auch als felsenfestes Fundament, als unerschütterliche Glaubensgrundlage hin: »Jeder nun, der diese meine Worte hört und sie tut, den werde ich mit einem klugen Mann vergleichen, der sein Haus auf den Felsen baute ...« (Mt 7,24). Er, das Wort Gottes, ist die einzig mögliche

Glaubensgrundlage für Christen: »Einen anderen Grund kann niemand legen außer dem, der gelegt ist, welcher ist Jesus Christus« (1Kor 3,11).

Jesus hat auch verheißen, dass seine Worte »nicht vergehen« werden (Mt 24,35). Das Wort Gottes muss uns also verbindlich, d.h. in schriftlich fixierter Form, zugänglich sein, es muss als offenbartes, verbindliches Wort Gottes vorliegen. Und das ist heute wie zu allen Zeiten in der Bibel, der Heiligen Schrift, der Fall. Sie bestimmt ursprünglich und original, was Inhalt des christlichen Glaubens ist.

Ist die Heilige Schrift nun auch für die römisch-katholische Kirche die alleinige Autorität und das einzige Kriterium des Glaubens, oder stützt sich diese Kirche auf weitere Offenbarungen und Autoritäten? Lassen wir zur Beantwortung dieser Frage die Kirche selbst reden:

> Die *Heilige Schrift* ist Gottes Rede, insofern sie unter dem Anhauch des Heiligen Geistes schriftlich aufgezeichnet worden ist. Die *Heilige Überlieferung* aber gibt das Wort Gottes, das von Christus, dem Herrn, und vom Heiligen Geist den Aposteln anvertraut wurde, unversehrt an deren Nachfolger weiter ...
>
> »So ergibt sich, dass die Kirche«, der die Weitergabe und Auslegung der Offenbarung anvertraut ist, »ihre Gewissheit über alles Geoffenbarte nicht aus der Heiligen Schrift allein schöpft. Daher sind beide [Bibel und Überlieferung] mit dem gleichen Gefühl der Dankbarkeit und der gleichen Ehrfurcht anzunehmen und zu verehren«.[8]

---

[8] *Katechismus der Katholischen Kirche*, Nr. 81-82

Hier sehen wir zunächst, dass es für die katholische Kirche neben dem geschriebenen Wort Gottes noch eine ungeschriebene *Überlieferung* gibt, der die gleiche Autorität beigemessen wird. Die Kirche beschreibt sie folgenderweise:

> Die Überlieferung (oder Tradition), von der wir hier sprechen, kommt von den Aposteln her und gibt das weiter, was diese der Lehre und dem Beispiel Jesu entnahmen und vom Heiligen Geist vernahmen.[9]

Wer sich weigert, die ungeschriebene Überlieferung als Gottes Wort zu achten, wird sogar per unfehlbarem[10] Dogma mit Kirchenausschluss bestraft:

> Wer nicht die ganze kirchliche Überlieferung annimmt, die geschriebene wie die ungeschriebene, der sei ausgeschlossen.[11]

Die Kirche selbst bezeichnet sowohl das geschriebene Wort als auch die Überlieferung als die Glaubensgrundlage ihrer Theologie:

> Die heilige Theologie ruht auf dem geschriebenen Wort Gottes, zusammen mit der Heiligen Überlieferung, wie auf einem bleibenden Fundament.[12]

Daraus ergibt sich ein Problem: Worin besteht diese Überlieferung eigentlich? Will man sie als verbindliche

---

[9] *Katechismus der Katholischen Kirche*, Nr. 83
[10] Siehe dazu die Erklärung zu unfehlbaren Artikeln in *Der Glaube der Kirche*, S. 24
[11] II. Konzil zu Nizäa, in: *Der Glaube der Kirche*, Nr. 85
[12] II. Vatikanisches Konzil, in: *Kleines Konzilskompendium*, S. 380

Glaubensgrundlage heranziehen, muss ja festgelegt sein, was apostolische Überlieferung ist und was nicht. Aber die Behauptung der Kirche, ihre als apostolische Überlieferung ausgegebenen Lehren stammten von den Aposteln, entbehrt jeder Begründbarkeit. Die Kirche kann von keiner dieser Lehren einen wirklich apostolischen Ursprung angeben, vielmehr ist aus ihren eigenen Dokumenten ersichtlich, dass sie erst viel später eingeführt wurden (z.B. die Unfehlbarkeit des Papstes im Jahr 1870). So kann die Kirche jede Lehrentscheidung recht willkürlich mit einer imaginären »Überlieferung« begründen.

Hieronymus und die Apokryphen

Die sogenannte Überlieferung ist aber nicht die einzige Offenbarungsquelle, die die römisch-katholische Kirche neben der Bibel heranzieht. Ihre offizielle Bibelausgabe umfasst im Alten Testament sieben Bücher mehr als die ursprüngliche Bibel. Die Bücher Tobit, Judit, 1. und 2. Makkabäer, Weisheit, Jesus Sirach und Baruch sind die sogenannten alttestamentlichen *Apokryphen*, zu denen außerdem noch einzelne Kapitel anderer Bücher (z.B. Daniel 13-14) zählen. Dass diese Bücher in Wirklichkeit nicht zur Bibel gehören, ist zum einen aus der jüdischen Geschichte ersichtlich: Das Judentum rechnete diese Schriften nicht zum Kanon des Wortes Gottes. Und auch im Neuen Testament werden keine Zitate aus den Apokryphen angeführt, wohingegen fast sämtliche Bücher des Alten Testaments dort zitiert werden.[13] Das einzige nicht im NT zitierte AT-Buch ist das Buch Esther. Zum anderen sehen wir auch anhand der Kirchengeschichte, dass die Apokryphen ur-

---

[13] Vgl. z.B. die Übersicht in Arend Remmers, *Das Neue Testament im Überblick*, S. 176-182.

sprünglich nicht zur Bibel gezählt wurden.[14] Selbst Hieronymus, der der römisch-katholischen Kirche ihre offizielle
lateinische Bibelübersetzung, die Vulgata, gab, lehnte die
Apokryphen als nicht inspiriert ab.[15]

Erst nach Hieronymus' Tod wurden die Apokryphen
zur Vulgata hinzugefügt. Als kanonisch, d. h. zur Bibel
gehörend, erklärte die katholische Kirche die Apokryphen
erst im Jahr 1546 auf dem Konzil zu Trient – wohl um ihre
Lehren (z. B. die Ablasslehre) im Zuge der Gegenreforma-
tion vor den Reformatoren zu verteidigen. Wer die Recht-
mäßigkeit dieser Entscheidung bezweifelt, wird von der
Kirche hart gestraft:

> Wer nicht alle Bücher der Heiligen Schrift mit allen ih-
> ren Teilen, wie sie die Kirchenversammlung von Trient
> anführte, als heilige kanonische Schriften anerkennt
> oder wer leugnet, dass sie von Gott eingegeben sind, der
> sei ausgeschlossen.[16]

Aus diesem Grund bleibt es sowohl Katholiken als auch
anderen Christen nicht selbst überlassen, welche Bibelausgabe oder Übersetzung sie zu ihrem persönlichen
Gebrauch verwenden, sondern die Kirche schreibt vor,
welche Ausgaben sich der »Zustimmung der kirchlichen
Autorität« erfreuen:

> Da aber das Wort Gottes allen Zeiten zur Verfügung
> stehen muss, bemüht sich die Kirche in mütterlicher

---

[14] J. McDowell, *Die Bibel im Test*, S. 67-72
[15] ebd., S. 67-72
[16] Erstes Vatikanisches Konzil, in: *Der Glaube der Kirche*, Nr. 98 (unfehlbar)

Sorge, dass brauchbare und genaue Übersetzungen in die verschiedenen Sprachen erarbeitet werden, mit Vorrang aus dem Urtext der Heiligen Bücher. Wenn die Übersetzungen bei sich bietender Gelegenheit und mit Zustimmung der kirchlichen Autorität in Zusammenarbeit auch mit den getrennten Brüdern zustande kommen, dann können sie von allen Christen benutzt werden.[17]

Auf Initiative der römisch-katholischen Kirche hin kam dann aufgrund dieses Beschlusses die sogenannte *Einheitsübersetzung* der Bibel zustande, an der sich auch die Evangelische Kirche Deutschlands beteiligte und die deshalb als ökumenisch gilt. Die Apokryphen sind hier wie selbstverständlich in die biblischen Bücher eingereiht, doch wird z. B. im einleitenden Kommentar zu den Makkabäerbüchern eingestanden:

Die beiden Makkabäer-Bücher gehören nicht zum hebräischen Alten Testament ...

Das Buch ist vor allem wegen seiner fortgeschrittenen Lehre über ... das Gebet für die Verstorben, über die Verdienste der Märtyrer und die Fürbitte der Heiligen bedeutsam. Diese theologischen Aussagen begründen und rechtfertigen die Stellung des Buches im alttestamentlichen Kanon.[18]

Als Begründung für die rechtmäßige Stellung dieser Bücher zieht die Kirche also ihre eigene außerbiblische Lehre heran. Damit begeht sie einen klassischen Zirkelschluss:

---

[17] II. Vatikanisches Konzil, in: *Der Glaube der Kirche*, Nr. 154
[18] Einheitsübersetzung, Kath. Bibelanstalt 1980, S. 526-527

Die biblische Richtigkeit ihrer Lehre begründet sie mit
den Apokryphen, die sie wiederum aufgrund ihrer Über-
einstimmung mit der kirchlichen Lehre als biblisch erklärt
hat. So stellt sich die Kirche in ihrer Autorität selbst über
die Heilige Schrift.

»Wissenschaftliche« Auslegung der Bibel

Diese über der Bibel stehende Autorität wird auch deutlich, wenn es um die Frage der Auslegung der Bibel geht.
Lehrunterschiede zwischen verschiedenen christlichen Ge-
meinschaften beruhen oft auf unterschiedlicher Auslegung
biblischer Texte. Eine richtige Auslegung ist also unter
Umständen entscheidend für den letztendlichen Glaubensinhalt. Die Kirche bestimmt, wer die ihrer Ansicht nach
richtige Auslegung zu treffen hat:

> Die Aufgabe aber, das geschriebene oder überlie-
> ferte Wort Gottes authentisch auszulegen, ist allein
> dem lebendigen Lehramt der Kirche« – das heißt
> den Bischöfen in Gemeinschaft mit dem Nachfolger
> Petri, dem Bischof von Rom – »anvertraut, dessen
> Vollmacht im Namen Jesu Christi ausgeübt wird.[19]

Die Auslegung biblischer Aussagen ist den Gelehrten und
Bevollmächtigten deshalb vorbehalten, weil sie laut katholischer Kirche hohe wissenschaftliche, kulturgeschichtliche
und sprachliche Kenntnisse voraussetzt:

> Weiterhin hat der Erklärer nach dem Sinn zu forschen,
> wie ihn aus einer gegebenen Situation der Hagiograph

---

[19] *Katechismus der Katholischen Kirche*, Nr. 85, Zitat vom II. Vatikanischen Konzil

den Bedingungen seiner Zeit und Kultur entsprechend – mit Hilfe der damals üblichen literarischen
Gattungen – hat ausdrücken wollen und wirklich zum
Ausdruck gebracht hat. Will man richtig verstehen, was
der heilige Verfasser in seiner Schrift aussagen wollte,
so muss man schließlich genau auf die vorgegebenen
umweltbedingten Denk-, Sprach- und Erzählformen
achten, die zur Zeit des Verfassers herrschten, wie auf
die Formen, die damals im menschlichen Alltagsver-
kehr üblich waren.

... Aufgabe des Exegeten ist es ... auf eine tiefere Er-
fassung und Auslegung des Sinnes der Heiligen Schrift
hinzuarbeiten, damit so gleichsam aufgrund wissenschaftlicher Vorarbeit das Urteil der Kirche reift.[20]

Wenn die Kirche hier selbst ausdrücklich sagt, dass sie
ihr Urteil »aufgrund wissenschaftlicher Vorarbeit« trifft,
erhebt sie damit diese menschliche Wissenschaft über das
Wort Gottes. Der Kirche zufolge kann ein Laie also gar
nicht den tieferen Sinn biblischer Texte verstehen, weil ihm
die notwendigen Voraussetzungen fehlen. Er kann seinen
Glauben demnach nicht unmittelbar dem Wort Gottes
entnehmen, sondern muss das annehmen, was die Kirche
ihm sagt:

Wenn die Kirche durch ihr oberstes Lehramt etwas »als
von Gott geoffenbart« und als Lehre Christi »zu glauben vorlegt«, müssen die Gläubigen »solchen Definitio-
nen mit Glaubensgehorsam anhangen«.[21]

---

[20] II. Vatikanisches Konzil, in: *Der Glaube der Kirche*, Nr. 151
[21] *Katechismus der Katholischen Kirche*, Nr. 891, Zitat vom II. Vatikanischen Konzil

Dogmatische Lehrentscheidungen

Die kirchlichen Glaubensvorgaben sind insbesondere in den Dogmen festgelegt. Das Lehramt der Kirche hat diese Dogmen aufgestellt und sie für den Katholiken zur Glaubenspflicht gemacht:

> Das Lehramt der Kirche setzt die von Christus erhaltene Autorität voll ein, wenn es Dogmen definiert, das heißt, wenn es in einer das christliche Volk zu einer unwiderruflichen Glaubenszustimmung verpflichtenden Form Wahrheiten vorlegt, die in der göttlichen Offenbarung enthalten sind oder die mit solchen Wahrheiten in einem notwendigen Zusammenhang stehen.[22]

Dass im Lauf der Kirchengeschichte stets neue Dogmen verkündet werden können, begründet die katholische Kirche mit einer angeblichen Weiterentwicklung der oben erläuterten »Überlieferung«:

> Diese apostolische Überlieferung kennt in der Kirche unter dem Beistand des Heiligen Geistes einen Fortschritt … denn die Kirche strebt im Gang der Jahrhunderte ständig der Fülle der göttlichen Wahrheit entgegen, bis an ihr sich Gottes Worte erfüllen.[23]

Der Heilige Geist wird hier zwar als Beistand bezeichnet, die Aufgabe der Leitung bei der Aufrichtung der Glaubenswahrheit schreibt die katholische Kirche aber ihrem offiziellen Lehramt zu:

---

[22] *Katechismus der Katholischen Kirche*, Nr. 88
[23] II. Vatikanisches Konzil, in: *Der Glaube der Kirche*, Nr. 147

Durch den »übernatürlichen Glaubenssinn« hält das Gottesvolk unter der Leitung des lebendigen Lehramtes der Kirche den Glauben unverlierbar fest.[24]

... die Heilige Synode [lehrt], dass die Bischöfe aufgrund göttlicher Einsetzung an die Stelle der Apostel als Hirten der Kirche getreten sind. Wer sie hört, hört Christus, und wer sie verachtet, verachtet Christus und ihn, der Christus gesandt hat.[25]

Einerseits bezeichnet die römische Kirche also zwar das »Wort Gottes« als Glaubensgrundlage, andererseits bestimmt sie dann aber nicht nur, was das Wort Gottes ist, sondern erklärt auch noch die eigenen Lehrverkündigungen zum Wort Gottes. Bekanntlich gibt die römisch-katholische Kirche sowohl sich als auch ihr Oberhaupt, den Bischof von Rom, als unfehlbar aus, wenn sie den Christen eine Lehre über Glaubens- oder Sittenfragen auferlegt:

Zur Erfüllung dieses Dienstes hat Christus den Hirten das Charisma der Unfehlbarkeit verliehen. ...

Dieser Unfehlbarkeit ... erfreut sich der Römische Bischof, das Haupt des Kollegiums der Bischöfe, kraft seines Amtes, wenn er ... eine Lehre über den Glauben oder die Sitten in einem endgültigen Akt verkündet ... Die der Kirche verheißene Unfehlbarkeit wohnt auch der Körperschaft der Bischöfe inne, wenn sie das oberste Lehramt zusammen mit dem Nachfolger des Petrus ausübt.[26]

---

[24] *Katechismus der Katholischen Kirche*, Nr. 889, Zitat vom II. Vatikanischen Konzil

[25] II. Vatikanisches Konzil; in: *Kleines Konzilskompendium,* S. 146

[26] *Katechismus der Katholischen Kirche*, Nr. 890, 891

Hier schreibt die Kirche Christus zu, er habe den Hirten Unfehlbarkeit verliehen. Sie begründet das mit der Aussage aus Matthäus 16,18: »Du bist Petrus, und auf diesen Felsen will ich meine Kirche bauen ... Und ich will dir die Schlüssel des Himmelreiches geben ...« Der Bibeltext sagt aber weder etwas von Unfehlbarkeit in lehrmäßigen Aussagen, noch davon, dass Petrus' besondere Vorrangstellung unter den Aposteln an die späteren Bischöfe von Rom weitervererbt werden sollte. Im Matthäusevangelium erweist Petrus sich schon wenige Sätze später als alles andere als unfehlbar und »tadelte« den Herrn Jesus Christus für seine Aussage, dass er gekreuzigt werde. Der Herr wies Petrus zurecht, korrigierte seinen fehlbare Ausspruch und nannte die Quelle seiner Inspiration: »Geh hinter mich, Satan! Du bist mir ein Ärgernis, denn du sinnst nicht auf das, was Gottes ist, sondern auf das, was des Menschen ist!« (Mt 16,23).

Zusammenfassung
Die römisch-katholische Kirche lehrt also,

* dass die kirchliche Überlieferung dieselbe Autorität hat wie die Heilige Schrift und ihre Mißachtung Kirchenausschluss nach sich zieht,
* dass die Apokryphen zur Bibel gehören und deren Ablehnung mit Kirchenausschluss bestraft wird,
* dass die Auslegung der Bibel nur vom Lehramt der Kirche bestimmt werden kann,
* dass der Sinn biblischer Aussagen nur unter Verwendung wissenschaftlicher Methoden erschlossen werden kann,
* dass Katholiken alles glauben müssen, was die Kirche ihnen zu glauben vorlegt, insbesondere ihre Dogmen,
* dass aufgrund des Fortschritts der apostolischen Über-

lieferung stets neue gültige Dogmen verkündet werden können,

- dass die Glaubensleitung des Volkes Gottes dem Lehramt der Kirche obliegt,
- dass das Lehramt der Kirche mit dem Papst als Oberhaupt unfehlbare Lehrentscheidungen verkünden kann, die als Wort Gottes gelten.

Man könnte vielleicht meinen, der Anspruch der römisch-katholischen Kirche auf ein Lehrmonopol sei insofern berechtigt, als dadurch die Entstehung von Irrlehren und Sekten verhindert würde. Leider müssen wir feststellen, dass durch dieses Lehrmonopol genau das Gegenteil eingetreten ist. Wie wir im Verlauf dieses Buches nachweisen werden, ist die Dogmatik der römischen Kirche in vielerlei Hinsicht eine Ansammlung von Lehren, die der Bibel völlig fremd sind. Aufgrund einer beliebig erweiterbaren Überlieferung, die im Gegensatz zur Bibel jeder historischen Glaubwürdigkeit entbehrt und die die Kirche dennoch als »Wort Gottes« ausgibt, konnten viele unbiblische Lehren Eingang in das katholische Glaubensgut finden.

Warnungen aus der Bibel

Vorbeugende Maßnahmen gegen Irrlehren und Sekten sind sicherlich ein berechtigtes Anliegen. Die Bibel warnt ausdrücklich:

> Seht zu, dass euch niemand verführe! ... viele falsche Propheten werden aufstehen und werden viele verführen (Mt 24,5.11).
> Ich [Paulus] weiß, dass nach meinem Abschied grausame Wölfe zu euch hereinkommen werden, die

die Herde nicht verschonen. Und aus eurer eigenen Mitte werden Männer aufstehen, die verkehrte Dinge reden, um die Jünger abzuziehen hinter sich her (Apg 20,30).

Diese Voraussagen bezogen sich nicht nur auf eine Jahrtausende später kommende Zeit, sondern erfüllten sich bereits, als die biblischen Bücher gerade geschrieben wurden, also noch während des 1. Jahrhunderts nach Christus. Ein beträchtlicher Teil des Neuen Testaments behandelt solche aufkommenden Irrlehren wie z. B. Gesetzlichkeit (Galaterbrief), äußerliche Religiosität und Philosophie (Kolosserbrief), Leugnung der Auferstehung (1. Korinther 15) und verteidigt den reinen christlichen Glauben dagegen. Von daher sind die biblischen Schriften die Grundlage zur Verteidigung gegen Irrlehren und zur Korrektur bei falscher Lehre. Die Bibel bezeugt wiederholte Male, dass das geschriebene, von Gott eingegebene Wort Gottes die hinlängliche und alleinige Grundlage von Glauben und Lehre ist. Hier nur einige Beispiele:

Es steht geschrieben ... (Mt 4,4.7.10). Ihr irrt, weil ihr die Schriften nicht kennt (Mt 22,29).

... und die Schrift kann nicht aufgelöst werden (Joh 10,35).

... ging Paulus zu ihnen hinein und unterredete sich an drei Sabbaten mit ihnen aus den Schriften, indem er eröffnete und darlegte, dass der Christus leiden und aus den Toten auferstehen mußte ... (Apg 17,2-3).

Diese aber waren edler als die in Thessalonich; sie nahmen mit aller Bereitwilligkeit das Wort auf und untersuchten täglich die Schriften, ob dies sich so verhielte (Apg 17,11).

Kräftig widerlegte er die Juden öffentlich, indem er
durch die Schriften bewies, dass Jesus der Christus ist
(Apg 18,28).
… die heiligen Schriften … die Kraft haben, dich
weise zu machen zur Rettung durch den Glauben, der in
Christus Jesus ist. Alle Schrift ist von Gott eingegeben
und nützlich zur Lehre, zur Überführung, zur Zurecht-
weisung, zur Unterweisung in der Gerechtigkeit, damit
der Mensch Gottes richtig sei, für jedes gute Werk aus-
gerüstet (2Tim 3,14-17).

Die am häufigsten gestellte Frage des Herrn Jesus war die
nach Kenntnis der Schrift: »Habt ihr nicht gelesen …?«
(Mt 12,3.5; 19,4; 21,16.42; 22,31; Mk 2,25; 12,10.26; Lk 6,3;
10,26). Allein in seinem Brief an die Römer beruft sich
Paulus 18 mal durch die Ausdrücke »wie geschrieben steht«,
»denn es steht geschrieben« und »die Schrift sagt« auf das
geschriebene Wort Gottes. Er zitiert das Alte Testament in
diesem Brief insgesamt 50 mal und zieht es an anderer Stelle
ebenfalls zur Widerlegung verschiedener Irrlehren heran.

Interessanterweise hatten aber auch zur Zeit Jesu die
Juden und insbesondere die Pharisäer und Schriftgelehrten
bereits eine sogenannte »Überlieferung der Alten« (Mk
7,3), die der Herr jedoch aufs Schärfste verwarf:

Warum übertretet auch ihr das Gebot Gottes um eurer
Überlieferung willen? … ihr habt so das Gebot Gottes ungültig gemacht um eurer Überlieferung willen.
Heuchler! Treffend hat Jesaja über euch geweissagt, indem er spricht: »Dieses Volk ehrt mich mit den Lippen,
aber ihr Herz ist weit entfernt von mir. Vergeblich aber
verehren sie mich, indem sie als Lehren Menschengebote lehren« (Mt 15,3.6-9).

Also sind es nicht die religiösen Führungspersonen und deren Lehren, denen der Gläubige unumschränkt vertrauen und gehorchen soll, sondern vielmehr Gott selbst, der in seinem Wort spricht. Der Grundsatz »man muss Gott mehr gehorchen als Menschen« (Apg 5,29) gilt besonders, wenn es um die Ewigkeit geht, denn diese Sache ist zu wichtig, als dass dabei auf Menschen vertraut werden dürfte:

> Wehe aber euch, Schriftgelehrte und Pharisäer, Heuchler! Denn ihr verschließt das Reich der Himmel vor den Menschen; denn ihr geht nicht hinein, und die, die hineingehen wollen, laßt ihr nicht hineingehen! (Mt 23,13).

Diese harten Worte wollen wir hier nicht unmittelbar auf bestimmte andere Personen unserer Zeit anwenden; sie sollen lediglich verdeutlichen, dass gerade Menschen mit religiöser Autorität in Wirklichkeit Seelenverführer sein können. Gott setzt durch den Heiligen Geist Hirten und Aufseher für die Gemeinde ein (Apg 20,28), aber was einen Großteil der römisch-katholischen Kirchenfürsten betrifft, kommt Skepsis auf, wenn man die allseits bekannten Motive und Mittel bedenkt, durch die sie über die Jahrtausende ihre Positionen erlangt haben.[27] Wer für sich in Anspruch nimmt, ein von Gott eingesetzter oder beauftragter Verkündiger des Evangeliums oder ein Hirte und Lehrer von Gläubigen zu sein, muss die moralische und lehrmäßige Qualifikation haben, die die Bibel dafür vorschreibt (1Tim 3; Tit 1; 1Petr 5,1-4 u.a.) und dem Wort Gottes treu verpflichtet sein. In dem Brief an die Galater wird sogar ein

---

[27] Die Geschichtsschreibung bezeugt unumstößlich die Korruption innerhalb der Kirche. Siehe dazu z. B. Dave Hunt, *Die Frau und das Tier*, Bielefeld: CLV 1995

Fluch über diejenigen ausgesprochen, die etwas verkündigen, was von der Lehre der Apostel abweicht:

> Wenn aber auch wir oder ein Engel aus dem Himmel euch etwas entgegen dem verkündigen, was wir euch als Evangelium verkündet haben: er sei verflucht! (Gal 1,8).

Und am Ende der Bibel lesen wir:

> Ich bezeuge jedem, der die Worte der Weissagung dieses Buches hört: Wenn jemand zu diesen Dingen hinzufügt, so wird Gott ihm die Plagen hinzufügen, die in diesem Buch geschrieben sind (Offb 22,18).

Viele Lehren der katholischen Kirche wird man in der Bibel jedoch vergeblich suchen. Sie erscheinen vielmehr als »fremde Lehren«, von denen man sich »nicht fortreißen« lassen soll (Hebr 13,9). Die Bibel spricht auch nirgends von zukünftigen weiteren Offenbarungen Gottes oder mündlichen Überlieferungen, welche die Gläubigen anzunehmen hätten, und genauso wenig von Menschen mit höchster religiöser Autorität. Petrus, den die katholische Kirche als ersten Papst verehrt, hat zwei Briefe zum Neuen Testament geschrieben. Wir lesen dort nichts von einer päpstlichen Sukzession, ganz im Gegenteil. In seinem 2. Brief schreibt er, dass er bald sterben werde (2Petr 1,14), sagt jedoch nichts von einem etwaigen Nachfolger. Vielmehr erinnert er die Gläubigen an das bereits bekannte »prophetische Wort« (Vers 19) und legt Nachdruck auf die »Weissagung der Schrift« (Vers 20).

Die Bibel warnt ausdrücklich vor falschen und verführerischen Lehren, die in der nachapostolischen Zeit aufkommen würden:

Der Geist aber sagt ausdrücklich, dass in späteren Zeiten etliche vom Glauben abfallen werden, indem sie auf betrügerische Geister und Lehren von Dämonen achten, durch die Heuchelei von Lügenrednern, die in ihrem eigenen Gewissen gebrandmarkt sind, die verbieten zu heiraten, und gebieten, sich von Speisen zu enthalten ... (1Tim 4,1-3).

Denn es wird eine Zeit sein, da sie die gesunde Lehre nicht ertragen, sondern nach ihren eigenen Begierden sich selbst Lehrer aufhäufen werden, weil es ihnen in den Ohren kitzelt; und sie werden die Ohren von der Wahrheit abkehren und sich zu den Fabeln [griech. *mythos*] hinwenden (2Tim 4,3-4).

Geliebte, glaubt nicht jedem Geist, sondern prüft die Geister, ob sie aus Gott sind! Denn viele falsche Propheten sind in die Welt hinausgegangen (1Jo 4,1).

Das Erkennen der Wahrheit im Wort Gottes geschieht auch nicht, wie die katholische Kirche lehrt, durch rein intellektuelles Nachsinnen und wissenschaftliches Forschen, sondern wird dem zuteil, der dieses Wort liest und es im Vertrauen befolgt:

Wenn ihr in meinem Wort bleibt, so seid ihr wahrhaft meine Jünger; und ihr werdet die Wahrheit erkennen, und die Wahrheit wird euch frei machen (Joh 8,31-32).

Jesus hat gesagt, dass der Heilige Geist »in die ganze Wahrheit leiten« wird (Joh 16,13), und das hat der Heilige Geist tatsächlich getan, indem er uns die Bibel durch Inspiration ihrer Schreiber gegeben hat. Er ist es – und nicht das Lehramt der Kirche – der Glauben und Lehre der Christen leitet und aufrechterhält.

Wer die Bibel liest, hat damit die volle Offenbarung Gottes an die Menschen. Nichts entgeht ihm von dem, was Gott den Menschen mitteilen möchte; das biblische Evangelium ist der *»ein für allemal* den Heiligen überlieferte Glauben« (Jud 3). Paulus bezeichnet das Evangelium des Neuen Testaments als

> ... die Offenbarung des Geheimnisses, das ewige Zeiten hindurch verschwiegen war, jetzt aber offenbart und durch prophetische Schriften nach Befehl des ewigen Gottes zum Glaubensgehorsam an alle Nationen bekanntgemacht worden ist (Röm 16,25-26).

Die Autorität und Macht des Wortes Gottes erweist sich insbesondere in seiner Wirksamkeit. Millionen von Menschen sind bisher durch das Lesen und Hören dieses Evangeliums ihres sündigen Lebens überführt worden, haben eine Kehrtwendung vollzogen und Jesus Christus als ihren persönlichen Herrn und Erlöser angenommen.

> Das Wort Gottes ist lebendig und wirksam und schärfer als jedes zweischneidige Schwert, und durchdringend bis zur Scheidung von Seele und Geist ... und ein Richter der Gedanken und Gesinnungen des Herzens (Hebr 4,12).

Das kann von keiner anderen Überlieferung, keinem Dogma, keiner Lehre oder sonstigen »Offenbarung« gesagt werden; keine andere Schrift oder Verkündigung konnte Menschen zu einem geheiligten und erfüllten Leben mit Gott führen, als allein die Bibel. Und von keiner anderen Schrift können diese Menschen dann das sagen, was wir in Psalm 119 lesen:

Du hast deine Vorschriften geboten, dass man sie eifrig beobachte. Oh, dass doch meine Wege beständig wären, um deine Ordnungen zu halten! (Verse 4-5)

Deine Zeugnisse sind auch meine Lust, meine Ratgeber sind sie (Vers 24).

Öffne meine Augen, damit ich schaue die Wunder aus deinem Gesetz (Vers 18).

Wie süß sind meinem Gaumen deine Worte, mehr als Honig meinem Mund! (Vers 103).

Ich freue mich über dein Wort wie einer, der große Beute macht (Vers 162).

Von guten und bösen Menschen

Ist der Mensch in seinem tiefsten Wesen gut oder böse? Hat der Sündenfall dazu geführt, dass der Mensch zu guten Werken unfähig geworden ist, oder ist ihm diese Fähigkeit erhalten geblieben? Hat der Mensch einen »freien Willen« und einen »guten Kern«, oder ist er Sklave der Sünde und restlos verdorben?

Vielleicht erscheinen diese Fragen vielen Lesern nebensächlich. Tatsache ist jedoch, dass wir hier eine äußerst wichtige Problematik vor uns haben, die für das Verstehen von Gottes Handeln mit dem Menschen und der Notwendigkeit der Menschwerdung Jesu Christi von größter Wichtigkeit ist. Die Beantwortung dieser Fragen wird uns zu einem tieferen Verständnis des gesamten Heilswerkes Gottes führen. Nur vor diesem Hintergrund können wir verstehen, weshalb Gott seinen eigenen Sohn in diese Welt sandte und ihn am Kreuz sterben ließ. Außerdem werden wir ein Verständnis davon bekommen, worin die frohe Botschaft des Evangeliums eigentlich besteht und was es heißt, ein Christ und somit ein Kind Gottes zu sein.

Die römisch-katholische Kirche lehrt, dass der Mensch durch den Sündenfall zwar verwundet oder verletzt worden sei, er habe aber dennoch die Fähigkeit behalten, aus eigenem Antrieb heraus Gott zu suchen. Die Kirche lehrt, dass der Kern des Menschen gut geblieben und er daher in der Lage sei, sich selbst aus der Knechtschaft der Leidenschaften zu befreien sowie gute Werke zu tun und sich Verdienste vor Gott zu verschaffen:

Gott hat den Menschen als vernunftbegabtes Wesen erschaffen und ihm die Würde einer Person verliehen, die aus eigenem Antrieb handelt und über ihre Handlungen Herr ist.

... Durch den freien Willen kann jeder über sich selbst bestimmen ...[28]

Hier entwirft die Kirche ein Idealbild des Menschen, das uns darüber verwundern lässt, wie es bei solch vernunftgeleiteten, freien und würdigen Geschöpfen überhaupt zu Kriegen, Kriminalität und dem Gräuel eines Holocaust kommen konnte. Angeblich soll sich der Mensch durch seine Freiheit selbst befreien und erlösen können:

... Eine solche Würde erwirbt der Mensch, wenn er sich aus aller Knechtschaft der Leidenschaft befreit und sein Ziel in freier Wahl des Guten verfolgt sowie sich die geeigneten Hilfsmittel wirksam und in angestrengtem Bemühen verschafft.[29]

Zur Erbsünde und deren Folgen lehrt die Kirche hingegen:

Obwohl »einem jedem eigen«, hat die Erbsünde bei keinem Nachkommen Adams den Charakter einer persönlichen Schuld. Der Mensch ermangelt der ursprünglichen Heiligkeit und Gerechtigkeit, aber die menschliche Natur ist nicht durch und durch verdorben, wohl aber in ihren natürlichen Kräften verletzt.[30]

Die Kirche leugnet also zwar nicht die Vererbung der Sünden-

---

[28] *Katechismus der Katholischen Kirche*, Nr. 1730-1731
[29] II. Vatikanisches Konzil, in: *Der Glaube der Kirche*, Nr. 335
[30] *Katechismus der Katholischen Kirche*, Nr. 405

natur von Adam an, allerdings relativiert sie dieses Problem in seiner Konsequenz: Der Mensch habe immer noch von Natur her das Gute in sich, er strebe nach Tugendhaftem und letztlich nach Gemeinschaft mit Gott. In diesem Grundverlangen sei der Kirche zufolge die ganze Menschheit eins:

> Wunderbare Schau, die uns das Menschengeschlecht sehen lässt in der Einheit eines gemeinsamen Ursprungs in Gott ... in der Einheit der Natur ... in der Einheit des übernatürlichen Endziels, Gottes selbst, nach dem zu streben alle verpflichtet sind; in der Einheit der Mittel, um dieses Ziel zu erreichen ...
>
> Dieses »Gesetz der Solidarität und Liebe« versichert uns, dass bei aller reichen Vielfalt der Personen, Kulturen und Völker alle Menschen wahrhaft Brüder und Schwestern sind.[31]

Mit der Aussage, dass alle Menschen aufgrund der Abstammung von den Ureltern Adam und Eva »Brüder und Schwestern« sind, hat die katholische Kirche prinzipiell recht, allerdings hat diese Tatsache für den Menschen eine weitaus negativere Bedeutung, als es die Kirche hier offiziell lehrt.

Zusammenfassung

Die römisch-katholische Kirche lehrt also,

- dass der Mensch einen freien Willen hat, Herr über sich selbst ist und sich zum Guten entscheiden kann,
- dass er sich mit eigener Kraft aus »aller Knechtschaft der Leidenschaft« befreien kann,

---

[31] *Katechismus der Katholischen Kirche*, Nr. 360, 361

- dass die menschliche Natur nicht durch und durch verdorben, sondern nur in ihren natürlichen Kräften verletzt ist,
- dass die in Adam begründete »Einheit des Menschengeschlechts« grundsätzlich fördernswert ist.

Die völlig andere Lehre der Bibel

Kein Mensch braucht zu lernen, wie man Böses tut und sündigt. Wie frustrierend ist es doch für junge Eltern, wenn sie erleben müssen, wie ihre kleinen Sprösslinge spontan anfangen zu lügen oder zu rebellieren, ohne dass jemand es ihnen beigebracht hätte – ganz zu schweigen von den Gräueltaten erwachsener Menschen. Nichts anderes fällt dem Menschen leichter, als Böses zu tun.

Gottes Wort vertuscht das in keiner Weise, sondern zeigt eindrücklich, dass der Mensch durch den Sündenfall nicht etwa nur »verletzt«, sondern völlig verdorben und geistlich tot ist – abgetrennt von Gott. Die Warnung Gottes an Adam, »an dem Tag, da du davon [von der verbotenen Frucht] isst; musst du sterben« (1Mo 2,17), ist eingetreten. »Der Lohn der Sünde ist der Tod« (Röm 6,23). Der Mensch ist von Natur her getrennt von Gott und kann daher nichts Gutes tun. Er ist sogar ein »Feind« Gottes (Röm 5,10) und »tot« in seinen »Vergehungen« (Eph 2,1). Das meinte auch der Herr Jesus, als er sagte: »Lass die Toten ihre Toten begraben!« (Lk 9,60). Er meint damit nicht die absurde Vorstellung, dass sich Leichen gegenseitig bestatten, sondern den geistlichen Todeszustand derer, die ihm nicht folgen.

Das Herz, das »innerste Wesen des Menschen«, ist nach Jesu Worten nicht gut, sondern vielmehr der Ursprungsort aller Bosheit:

> Von innen aus dem Herzen der Menschen kommen die
> bösen Gedanken hervor: Unzucht, Dieberei, Mord,
> Ehebruch, Habsucht, Bosheit, Arglist, Ausschweifung,
> Neid, Lästerung, Hochmut, Torheit (Mk 7,22-23).

Das gilt nicht nur für einige »böse« Menschen, sondern
für grundsätzlich alle, die natürlicherweise in diese Welt
hineingeboren werden. Sie alle sind »von Natur Kinder des
Zorns« (Eph 2,3). Deshalb lautet die göttliche Beurteilung
der Menschen durchgängig durch die Bibel:

> Das Sinnen des menschlichen Herzens ist böse von sei-
> ner Jugend an (1Mo 8,21). Wie könnte ein Reiner von
> Unreinen kommen? Nicht ein einziger! (Hiob 14,4).
> Siehe, in Schuld bin ich geboren, und in Sünde hat mich
> meine Mutter empfangen (Ps 51,7).
> Da ist kein Gerechter, auch nicht einer; da ist keiner,
> der verständig ist; da ist keiner, der Gott sucht. Alle sind
> abgewichen, sie sind allesamt untauglich geworden; da
> ist keiner, der Gutes tut, da ist auch nicht einer (Röm
> 3,10-12).
> Alle haben gesündigt und erlangen nicht die Herr-
> lichkeit Gottes (Röm 3,23). Ich weiß, dass in mir, das ist
> in meinem Fleisch, nichts Gutes wohnt (Röm 7,18).
> Die ganze Welt liegt in dem Bösen (1Jo 5,19).

Aus menschlicher Sicht mag eine solche Beurteilung
übertrieben erscheinen, da wir ja doch meinen, »gute
Menschen« zu kennen oder gar uns selbst für einen solchen
halten. Gottes Beurteilung des natürlichen Menschen fällt
jedoch anders aus. Kein Mensch ist fähig, die gerechten
Forderungen Gottes zu erfüllen. Von Natur ist unser
ganzes Denken und Handeln von Rebellion gegen Got-

tes Herrschaft geprägt. Menschen, »die im Fleisch sind,
können Gott nicht gefallen« (Röm 8,8), weil nämlich im
»Fleisch« – eben in dem Holz, aus dem der Mensch wesens-
mäßig geschnitzt ist – »nichts Gutes wohnt« (Röm 7,18),
nur der Fluch der Sünde.

Dieser Fluch liegt wie ein Zwang auf dem Menschen.
Die Bibel stellt heraus, dass der Mensch von Natur aus
nicht frei, sondern ein Sklave der Sünde ist:

> Wahrlich, wahrlich, ich sage euch: Jeder, der die Sünde
> tut, ist der Sünde Sklave (Joh 8,34).
> … sie versprechen ihnen Freiheit, während sie selbst
> Sklaven der Sünde sind; denn vom wem jemand über-
> wältigt ist, dem ist er auch als Sklave unterworfen (2Pt
> 2,19).

Aus dem Sumpf dieser Misere kann man sich nicht wie
Münchhausen am eigenen Zopf selbst herausziehen. Befreiung und Rettung stehen vielmehr in Gottes Macht:

> So liegt es nun nicht an dem Wollenden, auch nicht an
> dem Laufenden, sondern an dem sich erbarmenden
> Gott … Also nun: wen er will, dessen erbarmt er sich …
> (Röm 9,16.18).

Die röm.-kath. Kirche hat sehr richtig erkannt, dass alle
Menschen durch die Abstammung von Adam und Eva eine
vereinte »Menschheitsfamilie« darstellen. Allerdings – und
dieser Unterschied ist von größter Tragweite – darf diese
Abstammungslinie nicht mit der Gotteskindschaft ver-
wechselt werden. Auf der Abstammungslinie Adams liegt
der Fluch von Sünde und Tod, und jeder Mensch, der auf
natürliche Weise dieser Linie angehört, unterliegt diesem

Fluch. Die Bibel bezeichnet Menschen in diesem natürlichen Zustand als »Kinder des Zorns« (Eph 2,3). Manche
religiöse Menschen meinen zwar, Gott sei ihr Vater, aber
darin irren sie sich gewaltig:

> Sie [einige Juden] sprachen nun zu ihm [Jesus]: ... wir
> haben *einen* Vater, Gott. Jesus sprach zu ihnen: Wenn
> Gott euer Vater wäre, so würdet ihr mich lieben ... Ihr
> seid aus dem Vater, dem Teufel, und die Begierden eu-
> res Vaters wollt ihr tun (Joh 8,41-44).

Von Natur sind tatsächlich alle Menschen quasi »Brüder
und Schwestern«. Allerdings sind sie durch ihre gemeinsame Abstammung vom gescheiterten Adam nicht unter
dem Segen der Gotteskindschaft, sondern unter dem
Fluch als »Kinder des Zorns«. Kein Mensch ist »von Natur
aus« ein Kind Gottes, denn ein solches ist »nicht aus Ge-
blüt, auch nicht aus dem Willen des Fleisches, auch nicht
aus dem Willen des Mannes, sondern aus Gott geboren«
(Joh 1,13).

Doch hat die katholische Kirche darin recht, wenn sie
alle Menschen als eins im Streben nach einem »übernatürlichen Endziel« bezeichnet. In der Bibel finden wir das
in dem denkwürdigen Bericht vom Turmbau zu Babel
bestätigt. Ein geeintes Menschengeschlecht unternahm
damals den Versuch, mit vereinten Kräften durch eigene Anstrengung den Weg in den Himmel zu bauen. Auf
dieses stolze religiöse Unterfangen antwortete Gott mit
dem Gericht der Sprachverwirrung und machte ihm so ein
jähes Ende.

Die Grundidee von Babel besteht jedoch über alle Zeiten fort. Durchgängig durch die ganze Bibel repräsentiert
der Name Babel oder Babylon ein religiöses System als

widergöttliches menschliches Machwerk. In ihrem letzten Buch kündigt die Bibel ein religiös-politisches Machtsystem an, »Babylon, die große Stadt« (Offb 18,21), das die Menschheit verführt (Offb 17 und 18). Denkwürdigerweise steht als Symbol für dieses System eine »Stadt auf sieben Hügeln [oder Bergen]« (Offb 17,9), was stark an Rom anklingt, die Stadt auf den sieben Bergen.

Der Weg zum ewigen Seelenheil

Die Aussage der Bibel ist also unmissverständlich, das Urteil Gottes eindeutig: Alle Menschen sind verdorbene Sünder, schuldig und dem Gericht verfallen. Es gibt keinen »guten« Menschen, der den Eintritt in das Paradies *verdient* hätte. Damit stehen wir vor der Frage: Wie kann ein Mensch dem verdienten Gericht entgehen, gerecht vor Gott sein und sein Kind werden? Das ist die Frage nach dem Heil – nach Vergebung und der Errettung. Sie ist die wichtigste Frage des Lebens überhaupt: »Wie kann ich leben, was soll ich tun, damit ich nicht Sinn und Ziel meines Lebens verfehle?«

Viele Menschen haben auf diese Frage ihre eigenen Antworten und Vorstellungen, und die gängige Volksmeinung besagt ja auch, jeder solle »nach seiner eigenen Façon selig werden«. An dieser Stelle wollen wir nicht auf die verschiedenen modernen Lebensphilosophien wie Selbstverwirklichung, fernöstliche Spiritualität usw. eingehen; hier sei nur gesagt, dass ein Mensch sich den Heilsweg ebenso wenig selbst ausdenken und aussuchen kann, wie z. B. ein Führerscheinprüfling bei seiner Fahrprüfung die Verkehrsregeln selbst bestimmt. Wenn schon kleine Dinge des Alltagslebens wie der Straßenverkehr oder die Naturgesetze strikt vorgegebenen offiziellen Regeln und Gesetzmäßigkeiten unterliegen, warum sollte man dann blindlings und wider alle Vernunft hoffen, die Sache mit dem Leben nach dem Tod regele sich schon irgendwie von selbst oder nach unserem eigenen Belieben? Die Bibel sagt dazu: »Da ist ein Weg, der einem Menschen gerade erscheint, aber zuletzt sind es Wege des Todes« (Spr 16,25).

Von daher ist es klar, dass der Mensch nicht auf seine eigenen vagen Vermutungen setzen kann, wenn es um sein Seelenheil geht. Um den Weg des Heils zu kennen, braucht er eine feste und sichere Grundlage – eine klare Vorgabe, die ihm von einer zuverlässigen Autorität und Wahrheitsquelle gegeben wird, die seiner eigenen Unwissenheit übergeordnet ist.

Gnade und Rechtfertigung

Aus der Schuld des Menschen ergibt sich, dass seine Errettung und die entsprechende Rechtfertigung vor Gott nur aufgrund von Gnade gewährt werden können. Das verkündigt auch die katholische Kirche offiziell:

> Wir haben unsere Rechtfertigung der Gnade Gottes zu verdanken.[32]

Als Grundlage dieser Rechtfertigung – der Gerecht- bzw. Freisprechung von und vor Gott – gibt die Kirche an:

> Die Rechtfertigung wurde uns durch das Leiden Christi verdient, der sich am Kreuz als lebendige, heilige, Gott wohlgefällige Opfergabe dargebracht hat und dessen Blut zum Werkzeug der Sühne für die Sünden aller Menschen geworden ist. Die Rechtfertigung wird uns durch die Taufe, das Sakrament des Glaubens, gewährt.[33]

Wie wir noch ausführlicher von der Bibel her sehen werden, können wir der katholischen Kirche voll und ganz zustimmen, dass Jesus Christus am Kreuz den einzigen

---

[32] *Katechismus der Katholischen Kirche*, Nr. 1996
[33] *Katechismus der Katholischen Kirche*, Nr. 1992

Weg der Rechtfertigung erwirkt hat. So weit, so gut. Doch die Kirche belässt es nicht bei dieser Aussage, sondern bemächtigt sich der Verwaltung dieser Rechtfertigung durch ihre Aussage, nur durch das Sakrament Taufe könnte man der Rechtfertigung teilhaftig werden. Bei näherem Untersuchen der katholischen Lehre müssen wir dann feststellen, dass tatsächlich dem Ritual des Taufsakraments an sich die rechtfertigende Wirkung zugeschrieben wird:

Werkzeugliche Ursache [der Rechtfertigung] ist das Sakrament der Taufe ...[34]

... Darauf folgt der wesentliche Ritus des Sakraments: die eigentliche Taufe. Diese zeigt nun an und *bewirkt*, dass der Täufling der Sünde stirbt, dem Pascha-Mysterium Christi gleichgestaltet wird und so in das Leben der heiligsten Dreifaltigkeit eintritt ...

Die verschiedenen *Wirkungen* der Taufe werden durch die sichtbaren Elemente des sakramentalen Ritus bezeichnet. Das Eintauchen in Wasser ist ein Sinnbild des Todes und der Reinigung, aber auch der Wiedergeburt und Erneuerung. Die beiden *Hauptwirkungen* sind also die Reinigung von den Sünden und die Wiedergeburt im Heiligen Geist. ...

Die Taufe *macht* uns zu Gliedern des Leibes Christi ... Die Getauften sind »wiedergeboren zu Kindern Gottes ...«[35] (Hervorhebungen zugefügt).

Der Kirche zufolge ist die Taufe also ein Ritual, das bei richtiger Durchführung wie eine Zauberformel etwas bewirkt, unabhängig sowohl vom Zustand des Täuflings als

---

[34] Konzil zu Trient, in: *Der Glaube der Kirche*, Nr. 799
[35] *Katechismus der Katholischen Kirche*, Nr. 1239, 1262, 1267, 1270

auch von der Freiheit und Souveränität Gottes. Die Wirkungen, die die Kirche ihrem Taufsakrament zuschreibt,
sind vielfältig; insbesondere die Wiedergeburt soll durch
sie geschehen.

Was die Kirche erwartet

Die Bedeutung des Taufsakraments ist für die katholische
Kirche so groß, dass es als heilsnotwendig bezeichnet wird:

> Der Herr selbst sagt, dass die Taufe heilsnotwendig ist.[36]

Diese Aussage wird dem Herrn Jesus jedoch fälsch-
licherweise in den Mund gelegt, denn die vom Katechismus
hierzu angeführten Bibelstellen sagen das nicht.[37]

Mit dem Empfang des Taufsakraments ist, der Kirche
nach, der Weg zum ewigen Heil aber noch lange nicht
gesichert; es folgt darauf ein lebenslanger Prozess aus
Kirchenzugehörigkeit, Sakramenten, guten Werken usw.
Ein vollständiger Christ, zu dessen Seelenheil dann zwar
noch weitere Bedingungen erfüllt werden müssen, ist man
erst nach einer sogenannten Initiation:

> Christ wird man – schon zur Zeit der Apostel – auf dem
> Weg einer in mehreren Stufen erfolgenden Initiation.
> Dieser Weg kann rasch oder langsam zurückgelegt
> werden …
>
> In den ersten Jahrhunderten erfuhr die christliche
> Initiation eine breite Entfaltung: Eine lange Zeit des
> *Katechumenats* und eine Reihe vorbereitender Riten …

---

[36] *Katechismus der Katholischen Kirche*, Nr. 1257
[37] Joh 3,5 und Mk 16,16 – für eine eingehende Erörterung siehe Mc-
Carthy, *Das Evangelium nach Rom*, Bielefeld: CLV 1996, S. 355-359

führten schließlich zur Feier der Sakramente der christlichen Initiation ...

Die christliche Initiation geschieht durch drei Sakramente: die Taufe ... die Firmung ... die Eucharistie.[38]

Dann sind der Kirche zufolge noch eine Reihe weiterer Bedingungen zu erfüllen:

Dem römischen Papst sich zu unterwerfen, ist für alle Menschen unbedingt zum Heile notwendig: Das erklären, behaupten, bestimmen und verkünden Wir.[39]

Wer sagt, die Sakramente des Neuen Bundes seien nicht zum Heil notwendig, sondern überflüssig, und die Menschen könnten ohne sie oder ohne das Verlangen nach ihnen durch den Glauben allein von Gott die Gnade der Rechtfertigung erlangen ... der sei ausgeschlossen.[40]

Die Kirche sagt, dass die Sakramente des Neuen Bundes für die Gläubigen heilsnotwendig sind.[41]

Gestützt auf die Heilige Schrift und die Tradition, lehrt sie [die Synode], dass diese pilgernde Kirche [die römische] zum Heile notwendig sei ... Darum können jene Menschen nicht gerettet werden, die um die katholische Kirche und ihre von Gott durch Christus gestiftete Heilsnotwendigkeit wissen, in sie aber nicht eintreten oder in ihr nicht ausharren wollten.[42]

Der Dienst und das Zeugnis für den Glauben sind heilsnotwendig.[43]

---

[38] *Katechismus der Katholischen Kirche*, Nr. 1229, 1230, 1275
[39] Papst Bonifaz VIII., in: *Der Glaube der Kirche*, Nr. 430 (unfehlbar)
[40] Konzil zu Trient, in: *Der Glaube der Kirche*, Nr. 509 (unfehlbar)
[41] *Katechismus der Katholischen Kirche*, Nr. 1129
[42] II. Vatikanisches Konzil, in: *Der Glaube der Kirche*, Nr. 417
[43] *Katechismus der Katholischen Kirche*, Nr. 1816

> Die Bischöfe empfangen ... die Sendung, alle Völker
> zu lehren und jedem Geschöpf das Evangelium zu ver-
> künden, damit alle Menschen durch Glaube, Taufe und
> Erfüllung der Gebote das Heil erlangen.[44]

Diese Anforderungen und Bedingungen, die die römische
Kirche zur Erlangung des Seelenheils auferlegt, sind äußerst
fragwürdig. Mit welcher Begründung kann die katholische
Kirche z. B. behaupten, alle Menschen, die sich nicht dem
Papst unterwerfen, seien vom Heil ausgeschlossen? Das
träfe z. B. auch auf Paulus zu, der Petrus »ins Angesicht
widerstand« (Gal 2,11), obwohl Petrus doch der römisch-katholischen Lehre zufolge der erste Papst war. Eine biblische
Begründung für diese Bedingungen kann die Kirche nicht
liefern, vielmehr sind es das, was Jesus »Menschengebote«
nennt (Mt 15,9) und als »schwere und schwer zu tragende
Lasten« (Mt 23,4) bezeichnet, wie die Pharisäer sie ihren
Anhängern aufgebürdet haben. Es bestehen frappante Ähn-
lichkeiten zwischen den Pharisäern damals und den späteren
und heutigen römisch-katholischen Kirchenfürsten.

Der Katholik darf aber niemals Gewissheit haben, dass
er genug Lasten bewältigt und alle Anforderungen für den
Himmel erfüllt hat. Die katholische Dogmatik verbietet
ihm dies per unfehlbarem Lehrentscheid:

> Wer behauptet, der wiedergeborene und gerechtfertigte
> Mensch sei aufgrund des Glaubens gehalten, zu glau-
> ben, er sei sicher in der Zahl der Vorherbestimmten, der
> sei ausgeschlossen.
>
> Wer mit unbedingter und unfehlbarer Sicherheit
> behauptet, er werde sicher jenes große Geschenk

---

[44] *Katechismus der Katholischen Kirche*, Nr. 2068

der Beharrung bis ans Ende besitzen ... der sei ausgeschlossen.[45]

Die moderne synkretistische Aufweichung

Die oben angeführten Lehren der röm.-kath. Kirche sind
auch heute noch allesamt gültig; sie stammen entweder aus
dem aktuellen offiziellen Katechismus oder sind unabän-
derliche Dogmen und Konzilsbeschlüsse, die die Kirche als
unfehlbar erklärt hat. Und doch macht die Kirche entgegen
dieser sehr engen Sicht an anderer Stelle aber weitreichen-
de Zugeständnisse an die Errettung von Nichtchristen, die
überhaupt nicht an Jesus Christus glauben:

> Der Heilswille umfasst aber auch die, welche den
> Schöpfer anerkennen, unter ihnen besonders die Mus-
> lim, die sich zum Glauben Abrahams bekennen und mit
> uns den einen Gott anbeten ... Wer ... das Evangelium
> Christi und seine Kirche ohne Schuld nicht kennt, Gott
> aber aus ehrlichem Herzen sucht, seinen im Anruf des
> Gewissens erkannten Willen unter dem Einfluss der
> Gnade in der Tat zu erfüllen trachtet, kann das ewige
> Heil erlangen.[46]

Das sind sehr gegensätzliche und widersprüchliche Aussagen – einerseits ein enger Heilsexklusivismus, andererseits religionsübergreifende Zugeständnisse, dass das Heil
auch ohne Glauben an den Jesus der Bibel erlangt werden
könne. Das II. Vatikanische Konzil in den 1960er Jahren
hat dem Synkretismus (Religionsvermischung) in der römischen Kirche die Türen weiter geöffnet denn je. Nicht

---

[45] Konzil zu Trient, in: *Der Glaube der Kirche*, Nr. 833, 834 (unfehlbar)
[46] II. Vatikanisches Konzil, in: *Der Glaube der Kirche*, Nr. 372

zuletzt aufgrund dieses unklaren und unglaubwürdigen Kurses nehmen viele Katholiken und Kirchenfürsten ihre eigene Lehre nicht mehr ernst. Die auf dem II. Vatikanischen Konzil eröffneten Zugeständnisse haben sich bis heute zu einer äußerst schwammigen Stellung zum Heilsweg weiterentwickelt, so dass schließlich auch Meldungen wie die folgende nicht mehr überraschen:

Rom/Vatikanstadt: Ewiges Leben für alle guten Menschen ... Papst Johannes Paul II. erklärte bei seiner traditionellen Ansprache vor Pilgern aus aller Welt, dass die Pforten des Paradieses »nicht nur für Angehörige des römisch-katholischen Glaubens offenstehen, sondern für alle Menschen guten Willens«. Heil und Hoffnung auf das ewige Leben, so der Papst, »werden alle Menschen haben, die während ihres Erdendaseins gut zu anderen waren« ... Derjenige darf als Nichtkatholik in den Himmel, der »eine mysteriöse Anschauung mit Gott oder einer Kraft verbindet, der er vielleicht einen anderen Namen gibt, die aber immer dieselbe bleibt« ... »Wir wissen, dass es viele Möglichkeiten gibt, sich Gott zu nähern«, erklärte er, »und wir wissen auch, dass jede Religion, egal welche, den Gläubigen die Mittel in die Hand gibt, als guter Mensch zu handeln und ein Vorbild zu sein«.[47]

Zusammenfassung

Die römisch-katholische Kirche lehrt also,

- dass Rechtfertigung und Wiedergeburt zur Gotteskindschaft durch das Taufsakrament bewirkt werden, welches dem Täufling »heiligmachende Gnade« einflößt,

---

[47] Saarbrücker Zeitung, 2.6.1995

- dass die Taufe heilsnotwendig ist, jedoch erst den Anfang eines langen, beschwerlichen Weges zum Heil darstellt,
- dass außer der Taufe auch viele andere Bedingungen heilsnotwendig sind, u.a. Unterwerfung unter den Papst, Empfang der Sakramente, Zugehörigkeit zur römisch-katholischen Kirche, Dienst und Zeugnis für den Glauben und Erfüllung der Gebote,
- dass niemand sich seines Seelenheils gewiss sein darf,
- dass Muslime den gleichen Gott anbeten wie Christen,
- dass gute Werke und Religiosität jeglicher Art einen Weg zu Gott und zum Heil darstellen.

Gottes »Liebesbrief«

Die Bibel, insbesondere das Neue Testament, bringt uns das Evangelium, die Frohe Botschaft von Jesus Christus. Froh ist diese Botschaft deshalb, weil sie uns den Weg aufzeigt, wie wir für die Ewigkeit gerettet und Gottes Kinder werden können. Froh ist sie vor allen Dingen, weil sie ein Liebesbrief Gottes an die Menschen ist – Gott sagt uns darin, wie unendlich er, der allmächtige Schöpfer des Universums, Menschen liebt, obwohl sie als Sünder gegen ihn rebellieren. Worin zeigt Gott seine Liebe?

> Gott aber erweist seine Liebe zu uns darin, dass Christus, als wir noch Sünder waren, für uns gestorben ist (Röm 5,8).
>
> Hierin ist die Liebe Gottes zu uns geoffenbart worden, dass Gott seinen einzigartigen Sohn in die Welt gesandt hat, damit wir durch ihn leben möchten (1Jo 4,9)
>
> Denn so sehr hat Gott die Welt geliebt, dass er seinen einzigartigen Sohn gab, damit jeder, der an ihn glaubt, nicht verloren geht, sondern ewiges Leben hat (Joh 3,16).

Das ist die großartige und unfassbare Botschaft des Evangeliums: Gott liebt die Welt so sehr hat und alles für die Errettung von Sündern getan – sogar seinen einzigen, über alles geliebten Sohn hat er nicht vorenthalten, sondern ihn zugunsten seiner Feinde einen grausamen Kreuzestod sterben lassen.

Aber weshalb musste das geschehen, weshalb musste Christus Mensch werden und am Kreuz sterben? Weil Gott nicht »schummelt« oder »Fünfe gerade sein lässt«, sondern in seiner Gerechtigkeit fordert, dass Sündenschuld bezahlt wird. Weil ein normaler Mensch aber unmöglich seine Schuld bezahlen kann, hat Jesus Christus *stellvertretend* die »Sünden an seinem Leib selbst auf dem Holz getragen« (1Petr 2,24). Er ist das wahre »Lamm Gottes« (Joh 1,29.36) und wurde unter unvorstellbaren Leiden als Sündopfer am Kreuz buchstäblich geschlachtet. So unvorstellbar es auch ist, können Gläubige sagen: »Christus hat uns losgekauft von dem Fluch des Gesetzes, indem er ein Fluch für uns geworden ist« (Gal 3,13). Sünder sind der Todesstrafe schuldig, doch der Herr Jesus hat für jene, die an ihn glauben, diese Todesstrafe stellvertretend auf sich genommen. Gott, der Sünde »keineswegs ungestraft lässt« (2Mo 34,7), hat »den, der Sünde nicht kannte [Christus] ... für uns zur Sünde gemacht, damit wir Gottes Gerechtigkeit würden in ihm« (2Kor 5,21).

Wie sollen wir das verstehen? In der Bergpredigt hatte Jesus zu seinen Anhängern gesagt: »Wenn nicht eure *Gerechtigkeit* die der Schriftgelehrten und Pharisäer weit übertrifft, so werdet ihr keinesfalls in das Himmelreich hineinkommen« (Mt 5,20). Was soll das heißen? Müssen wir uns etwa noch mehr anstrengen, um noch frommer zu sein als die damaligen Pharisäer? Nein, unsere Gerechtigkeit muss von einer ganz anderen, nicht menschlichen Art sein.

Diese Gerechtigkeit, über die allein Jesus Christus verfügt, können wir nur von Gott verliehen oder *angerechnet* bekommen. Diese *Rechtfertigung* geschieht der Bibel zufolge durch den persönlichen Glauben an Jesus Christus. Die Bibel lehrt an etwa 150 Stellen die Errettung allein durch Glauben – ohne eigene Werke.

> Wahrlich, wahrlich, ich sage euch: Wer glaubt, hat ewiges Leben (Joh 6,47).
> Ich bin die Auferstehung und das Leben; wer an mich glaubt, wird leben, auch wenn er gestorben ist (Joh 11,25).
> Der Gerechte wird aus Glauben leben (Röm 1,17).
> Wir urteilen, dass der Mensch durch Glauben gerechtfertigt wird, ohne Gesetzeswerke (Röm 3,28).
> Da wir wissen, dass der Mensch nicht aus Gesetzeswerken gerechtfertigt wird, sondern nur durch den Glauben an Christus Jesus, haben wir auch an Christus Jesus geglaubt, damit wir aus Glauben an Christus gerechtfertigt werden und nicht aus Gesetzeswerken, weil aus Gesetzeswerken kein Fleisch gerechtfertigt wird (Gal 2,16).

Was bleibt für den Menschen zu tun übrig, damit er errettet wird? Was soll jemand, der sich als schuldigen Sünder erkennt, tun, um ein gottgefälliges Leben zu führen? Die gleiche Frage stellten einige Juden dem Herrn Jesus, und seine Antwort lautete: »Dies ist das Werk Gottes, dass ihr an den glaubt, den er gesandt hat« (Joh 6,29). Ein heidnischer Gefängnisdirektor fragte in Todesangst Paulus und seinen Begleiter Silas: »Was muss ich tun, dass ich errettet werde? Sie aber sprachen: Glaube an den Herrn Jesus, und du wirst errettet werden« (Apg 16,30-31).

Jesus hat *alles* für die Errettung getan; sein Werk ist vollkommen, und durch eigene Werke können wir es nicht vollkommener machen. Wir können keinen eigenen Beitrag leisten, höchstens unseren Heiland damit beleidigen. Das ist Glauben: auf *ihn* und sein Werk völlig zu vertrauen. Er hat das Erlösungswerk in vollkommener Weise ausgeführt und konnte darum am Kreuz ausrufen: »Es ist vollbracht!« (Joh 19,30). Die an ihn glauben, können nun sagen: »Herr, du wirst uns Frieden geben, denn du hast ja alle unsere Werke für uns vollbracht« (Jes 26,12), und »da wir nun gerechtfertigt sind aus Glauben, so haben wir Frieden mit Gott durch unsern Herrn Jesus Christus« (Röm 5,1).

Die Errettung *allein durch Glauben* ist das große Geschenk der Gnade Gottes. Wer diese Gnade im Glauben annimmt, den rechtfertigt Gott nicht nur, sondern den macht er auch zu seinem eigenen Kind. Ein Kind Gottes ist man weder von Natur aus, noch können Handlungen wie die sakramentale Taufe oder eine »Initiation« einen Menschen zum Kind Gottes machen. Ein Kind Gottes wird man durch eine neue Geburt, durch Wiedergeburt. Natürlicherweise wird ein Mensch in die Todeslinie der »Menschheitsfamilie« Adams hineingeboren, zum ewigen Leben als Gotteskind muss er von neuem geboren werden. Leider ist diese höchst wichtige Aussage der Bibel in der heutigen Christenheit vielfach unbekannt, obwohl die Bibel sie unmissverständlich lehrt. Der Herr Jesus war regelrecht bestürzt, als Nikodemus, ein religiöser Führer, seine Unkenntnis dieser Tatsache zeigte:

Jesus … sprach zu ihm: Wahrlich, wahrlich, ich sage dir: Wenn jemand nicht von neuem geboren wird, kann er das Reich Gottes nicht sehen. Nikodemus spricht zu ihm: Wie kann ein Mensch geboren werden, wenn er alt ist? ... Wie kann dies geschehen? Jesus antwortete und sprach zu ihm: Du bist der Lehrer Israels und weißt das nicht? ... (Joh 3,3-10).

Viele weitere Bibelstellen bezeugen diese so wichtige Lehre von der Wiedergeburt:

> So viele ihn aber aufnahmen, denen gab er das Recht, Kinder Gottes zu werden, denen, die an seinen Namen glauben; die nicht aus Geblüt, auch nicht aus dem Willen des Mannes, sondern aus Gott geboren sind (Joh 1,12-13).
>
> Daher, wenn jemand in Christus ist, so ist er eine neue Schöpfung; das Alte ist vergangen, siehe, Neues ist geworden (2Kor 5,17).

Die Wiedergeburt wird dabei nicht, wie die katholische Kirche lehrt, durch das Taufwasser bewirkt, sondern geschieht durch das »lebendige Wasser« des Heiligen Geistes (Joh 7,38-39) und des Wortes Gottes (Eph 5,26):

> Denn ihr seid wiedergeboren nicht aus vergänglichem Samen, sondern aus unvergänglichem durch das lebendige und bleibende Wort Gottes (1Petr 1,23).

Gläubig werden und Wiedergeburt gehören der Bibel nach untrennbar zusammen und gehen mit Bekehrung,[48] Sündenvergebung und dem Empfang des Heiligen Geistes einher:

> Denn alles, was aus Gott geboren ist, überwindet die

---

[48] Die reuige Umkehr zu Gott, »Buße«; siehe dazu das nächste Kapitel

Welt; und dies ist der Sieg, der die Welt überwunden hat: unser Glaube (1Jo 5,4).

... errettete er uns, nicht aus Werken, die, in Gerechtigkeit vollbracht, wir getan hätten, sondern nach seiner Barmherzigkeit durch die Waschung der Wiedergeburt und Erneuerung des Heiligen Geistes (Tit 3,5).

... Diesem geben alle Propheten Zeugnis, dass jeder, der an ihn glaubt, Vergebung der Sünden empfängt durch seinen Namen. Während Petrus noch diese Worte redete, fiel der Heilige Geist auf alle, die das Wort hörten (Apg 10,43-44).

In ihm seid auch ihr, nachdem ihr das Wort der Wahrheit, das Evangelium eures Heils, gehört habt und gläubig geworden seid, versiegelt worden mit dem Heiligen Geist ... (Eph 1,13).

... Ehebrecher ... Diebe ... Lästerer ... Das sind manche von euch gewesen; aber ihr seid abgewaschen, aber ihr seid geheiligt, aber ihr seid gerechtfertigt worden durch den Namen des Herrn Jesus Christus und durch den Geist unseres Gottes (1Kor 6,9-11).

[Christus sagte zu Paulus, den er zu den Nationen sandte:] ... sodass sie sich bekehren von der Finsternis zum Licht und von der Macht des Satans zu Gott, damit sie Vergebung der Sünden empfangen und ein Erbe unter denen, die durch den Glauben an mich geheiligt sind (Apg 26,28).

An dieser Stelle sollte jedem klar geworden sein: Weder kann ein Säugling sich bekehren und glauben und somit ein Kind Gottes werden, noch bewirkt die rituelle Durchführung der Taufe eine Wiedergeburt. Paulus stellt den Galatern, die die Errettung allein durch Glauben aus Gnade bezweifelten, die rhetorische Frage:

Nur dies will ich von euch wissen: Habt ihr den Geist aus Gesetzeswerken empfangen oder aus der Kunde des Glaubens? (Gal 3,2).

Das gilt sowohl für das »Werk« der Taufe wie auch für alle anderen Sakramente, die demnach als Werkzeuge der Heilsvermittlung untauglich sind. Das heißt selbstverständlich nicht, dass ein Christ sich in seinem Tun nicht von ungläubigen Weltmenschen unterscheidet. Die Handlungen und Werke, die ein Christ tut, wie z.B. sich taufen zu lassen oder das Abendmahl zu feiern, sich an die Gebote Gottes zu halten, praktische Werke der Nächstenliebe zu tun, zu beten und anderen das Evangelium weitersagen sind jedoch nicht *Mittel* zur Errettung, sondern vielmehr *Ausdruck und Frucht* echten Glaubens und des neuen Lebens in Christus. Als neue Schöpfung hat Gott den Christen ja »geschaffen zu guten Werken, die Gott vorher bereitet hat, damit wir in ihnen wandeln sollen« (Eph 2,10).

Ein Christ tut solche Werke aus Liebe, Dankbarkeit und Gehorsam zu seinem Schöpfer, seinem Retter und Herrn. Er braucht sich nicht mehr in Angst und Mühe plagen, um sein eigenes Seelenheil sicherzustellen, sondern kann sich seines ewigen Lebens gewiss sein:

Denn ihr habt nicht einen Geist der Knechtschaft empfangen, wieder zur Furcht, sondern einen Geist der Sohnschaft habt ihr empfangen, in dem wir rufen: Abba, Vater! Der Geist selbst bezeugt mit unserem Geist, dass wir Kinder Gottes sind (Röm 8,15-16).

Meine Schafe hören meine Stimme, und ich kenne sie, und sie folgen mir; und ich gebe ihnen ewiges Leben, und sie gehen nicht verloren in Ewigkeit, und niemand wird sie aus meiner Hand rauben (Joh 10,27-28).

Seht, welch eine Liebe uns der Vater gegeben hat, dass wir Kinder Gottes heißen sollen! Und wir sind es (1Jo 3,1).

Dies habe ich euch geschrieben, damit ihr wisst, dass ihr ewiges Leben habt, die ihr an den Namen des Sohnes Gottes glaubt (1Jo 5,13).

Doch so gewiss wie die Tatsache, dass ein gläubiger, wiedergeborener Christ für die Ewigkeit gerettet ist, so gewiss ist es auch, dass jeder, der das Evangelium von Jesus Christus, dem Sohn Gottes, ablehnt oder nicht kennt, nicht gerettet ist:

Ich bin der Weg, die Wahrheit und das Leben. Niemand kommt zum Vater als nur durch mich (Joh 14,6).

Wer an den Sohn glaubt, hat ewiges Leben; wer aber dem Sohn nicht gehorcht, wird das Leben nicht sehen, sondern der Zorn Gottes bleibt auf ihm (Joh 3,36).

Das gehörte Wort nützte jenen nicht, weil es bei denen, die es hörten, sich nicht mit dem Glauben verband (Hebr 4,2).

Jeder, der den Sohn leugnet, hat auch den Vater nicht; wer den Sohn bekennt, hat auch den Vater (1Jo 2,23).

Wer den Sohn hat, hat das Leben; wer den Sohn Gottes nicht hat, hat das Leben nicht (1Jo 5,12).

Damit ist insbesondere klar, dass der Islam Menschen nicht erretten kann, da er zwar einen »Propheten Jesus« lehrt, aber sowohl Jesu Kreuzestod als auch seine Gottessohnschaft leugnet. Selbstverständlich gilt den Muslimen das Evangelium Jesus Christi genauso wie denen, die in eine christliche Familie hineingeboren werden, doch für beide gilt dieselbe einzige Bedingung: Sie müssen persönlich glauben, dass Jesus der Sohn Gottes und ihr Erretter und Herr ist. Deshalb ist es unbedingt notwendig, auch den Muslimen zu ihrem Heil das Evangelium von Jesus Christus, dem Sohn Gottes, der am Kreuz stellvertretend für Sünder starb, zu verkünden. Diese Wichtigkeit der Verkündigung wird auch unmissverständlich vom Apostel Paulus gelehrt:

… jeder, der den Namen des Herrn anrufen wird, wird errettet werden. Wie sollen sie nun den anrufen, an den sie nicht geglaubt haben? Wie aber sollen sie an den glauben, von dem sie nicht gehört haben? Wie aber sollen sie hören ohne einen Prediger? … Also ist der Glaube aus der Verkündigung, die Verkündigung aber durch das Wort Christi (Röm 10,13-17).

Muslime können nicht durch die Ausübung ihrer Religion errettet werden. Reine Religiosität rettet keinen Menschen, weder inbrünstige Anhänger von Naturreligionen, noch selbstlose Buddhisten, noch eifrige Kirchgänger und Empfänger von Sakramenten. Weshalb?

Da sie Gottes Gerechtigkeit nicht erkannten und ihre eigene aufzurichten trachteten, haben sie sich der Gerechtigkeit Gottes nicht unterworfen (Röm 10,3).

Diese Worte von Paulus über die religiösen, aber unbekehrten und ungläubigen Juden waren keineswegs Worte der Verachtung oder gar des Hasses, sondern ganz im Gegenteil. Einen Vers vorher schreibt Paulus nämlich:

Brüder! Das Wohlgefallen meines Herzens und mein Flehen für sie zu Gott ist, dass sie errettet werden. Denn ich gebe ihnen Zeugnis, dass sie Eifer für Gott haben, aber nicht mit rechter Erkenntnis (Röm 10,1-2).

Diesen Worten möchten wir uns anschließen und damit ausdrücklich betonen, dass wir den religiösen Eifer und die oft vorbildliche Moral von Katholiken wertschätzen; doch aus Liebe zu Ihnen müssen wir Sie als katholischen Leser eindringlich darauf hinweisen, dass Sie durch Ihre eigenen Werke und Ihre eigene Religiosität nicht das Seelenheil erlangen werden – das sagen nicht wir, sondern die Bibel.

Wer Mitglied der römisch-katholischen Kirche ist, selbst aber an das biblische Evangelium der Errettung durch Glauben aus Gnade glaubt, dem sprechen wir keineswegs sein Seelenheil ab; nur sollte er sich darüber im Klaren sein, dass er nach römischer Lehre gar kein wirklicher Katholik, sondern per unfehlbarem Dogma aus seiner Kirche ausgeschlossen ist:

Wer behauptet, dass der sündige Mensch durch den Glauben allein gerechtfertigt werde, und darunter versteht, dass nichts anderes als Mitwirkung zur Erlangung der Rechtfertigungsgnade erfordert werde und dass es in keiner Weise notwendig sei, sich durch die eigene Willenstätigkeit zuzurüsten und zu bereiten, der sei ausgeschlossen.[49]

Zuletzt sei noch darauf hingewiesen, dass es sich bei den hier aufgezeigten Unterschieden in der Heilslehre keineswegs um haarspalterische Spitzfindigkeiten handelt, sondern um das Zentralste, worum es in der Bibel überhaupt geht – um die Lehre von Christus und seinem Erlösungs-

---

[49] Konzil zu Trient, in: *Der Glaube der Kirche*, Nr. 827 (unfehlbar)

werk. Denn dazu ist der Herr Jesus auf die Welt gekommen: »... zu suchen und zu retten, was verloren ist« (Lk 19,10). Deshalb ist er für Sünder am Kreuz gestorben. Und das biblische Evangelium besteht darin, dass »jeder, der an ihn glaubt, nicht verloren geht, sondern ewiges Leben hat« (Joh 3,16). Doch das römisch-katholische Evangelium besagt, die Errettung sei nicht allein vom persönlichen Glauben an Jesus Christus abhängig, sondern von zusätzlichen Dingen wie äußerlicher Religiosität, guten Werken usw. Es ist ein »Evangelium« von magischen Ritualen und selbstgerechten Werken, ein *anderes* Evangelium. Das ist eine Tatsache von äußerst folgenschwerer Tragweite:

> Wenn aber auch wir oder ein Engel aus dem Himmel euch etwas als Evangelium entgegen dem verkündigten, was wir euch als Evangelium verkündigt haben: er sei verflucht! Wie wir früher gesagt haben, so sage ich auch jetzt wieder: Wenn jemand euch etwas als Evangelium verkündigt entgegen dem, was ihr empfangen habt: er sei verflucht! (Gal 1,8-9).

Musste Christus für mich persönlich am Kreuz meine Strafe tragen oder nicht? In einem Gesprächskreis sagte einmal eine fromme Frau: »Für mich brauchte Jesus nicht zu sterben.« Welch fatale Aussage! Wer will für sich persönlich das Kreuz für unnötig erklären? Als Petrus den Herrn Jesus von seinem Weg zum Kreuz abhalten wollte, wurde er vom Herrn für dieses menschliche Ansinnen als »Satan« bezeichnet (Mt 16,21-23).

Doch auch die Einstellung, dass Jesu Kreuzesopfer zwar wichtig sei, man aber *zusätzlich* noch andere Dinge brauche – Sakramente, gute Werke, Fürsprache Marias oder der Heiligen oder die Hilfe eines Priesters – ist nicht wirklich besser, sondern genauso ein Affront gegen das vollkommene Werk Christi wie dessen gänzliche Ablehnung.

Mit der Lehre vom Kreuz steht und fällt der christliche Glaube – der einzige Glaube, der für die Ewigkeit rettet.

Jeder, der weitergeht und nicht in der Lehre des Christus bleibt, der hat Gott nicht; wer in der Lehre bleibt, der hat sowohl den Vater als auch den Sohn (2Joh 1,9).

Errettung – und was sie kostet

Sünde, Buße, Gnade und Erlösung – was sagt die Bibel dazu, was meint die Kirche? Sofern uns diese Begriffe überhaupt noch etwas zu sagen haben, von welcher praktischen Bedeutung sind sie dann für uns? Wer immer sich als Christ oder auch nur als religiös betrachtet – nach welcher Definition auch immer – kann diesen Fragen nicht gleichgültig gegenüberstehen.

Was ist Sünde?

Die römisch-katholische Kirche unterscheidet zwischen zwei Arten von Sünde, der *Todsünde* und der *lässlichen Sünde*:

> Damit eine Tat eine *Todsünde* ist, müssen gleichzeitig drei Bedingungen erfüllt sein: »Eine Todsünde ist jene Sünde, die eine schwerwiegende Materie zum Gegenstand hat und die dazu mit vollem Bewusstsein und bedachter Zustimmung begangen wird.« …
>
> Eine *lässliche Sünde* begeht, wer in einer nicht schwerwiegenden Materie eine Vorschrift des Sittengesetzes verletzt oder das Sittengesetz zwar in einer schwerwiegenden Materie, aber ohne volle Kenntnis oder volle Zustimmung übertritt.[50]

Diese Unterscheidung ist vor allem deshalb von Bedeutung, weil die verschiedenen Sünden angeblich auch jeweils ver-

---

[50] *Katechismus der Katholischen Kirche*, Nr. 1857 und 1862

schiedene Auswirkungen auf das geistliche und das ewige
Leben haben:

> Die Todsünde ... zieht den Verlust der göttlichen Tu-
> gend der Liebe und der heiligmachenden Gnade, das
> heißt des Standes der Gnade, nach sich. ...
> ... Falls sie nicht bereut wird, zieht sie den ewigen
> Tod nach sich.
> ... Die lässliche Sünde macht uns jedoch nicht zu
> Gegnern des Willens Gottes und seiner Freundschaft;
> sie bricht den Bund mit Gott nicht.[51]

Auch bezüglich der Verantwortlichkeit des Menschen
für sein Tun werden durch diese Unterscheidung Ein-
schränkungen gemacht:

> Eine Todsünde erfordert *volle Erkenntnis* und *volle Zu-
> stimmung*. Sie setzt das Wissen um die Sündhaftigkeit
> einer Handlung, ihren Gegensatz zum Gesetz Gottes,
> voraus. ...
> *Unverschuldete Unkenntnis* kann die Verantwortung
> für ein schweres Vergehen vermindern, wenn nicht so-
> gar aufheben. ...
> Die *Anberechenbarkeit* einer Tat und die Ver-
> antwortung für sie können durch Unkenntnis, Unacht-
> samkeit, Gewalt, Furcht, Gewohnheiten, übermäßige
> Affekte sowie weitere psychische oder gesellschaftliche
> Faktoren vermindert, ja sogar aufgehoben sein.[52]

---

[51] *Katechismus der Katholischen Kirche*, Nr. 1861, 1874 und 1863
[52] *Katechismus der Katholischen Kirche*, Nr. 1859, 1860 und 1735

Was lehrt die Bibel?

Die Bibel kennt keine lässlichen Sünden. Es gibt wohl unterschiedlich schwere Sünden, doch keine Einteilung in zwei grundsätzlich verschiedene Klassen. Sünde ist immer Ungehorsam gegen den Willen Gottes und verdient – nach dem Maßstab göttlicher Heiligkeit und Gerechtigkeit – die »Todesstrafe«. Jede Herabminderung des Wesens oder der Folgen von Sünde ist eine leichtfertige Entkräftung des Wortes Gottes, das ausdrücklich vor jeder Sünde warnt, den Sünder überführt und ihn eindringlich zur Umkehr ruft:

Die Seele, die sündigt, sie soll sterben (Hes 18,4).

Der Lohn der Sünde ist der Tod (Röm 6,23).

Verflucht ist jeder, der nicht bleibt in allem, was im Buch des Gesetzes geschrieben ist, um es zu tun (Gal 3,10).

Wer das ganze Gesetz hält, aber in *einem* strauchelt, ist aller Gebote schuldig geworden (Jak 2,10).

Dass Gott Sünden vergibt, bedeutet nicht, dass Sünden nicht so schlimm sind, sondern verdeutlicht die unermessliche Größe der Gnade Gottes. Jede einzelne noch so »kleine« Sünde ist so schlimm, dass der Herr Jesus dafür am Kreuz sterben musste.

Die Lehre von der lässlichen Sünde führt erfahrungsgemäß bei vielen Katholiken zu einer Haltung der Selbstgerechtigkeit und trügerischen Hoffnung, doch gar nicht so schlecht zu sein. In Gesprächen mit Katholiken stellte ich häufig fest, dass sie darauf hoffen, in den Himmel zu kommen, weil sie zwar Sünder, doch nicht so schlimme Sünder wie vielleicht Diebe, Mörder und andere »böse Menschen« sind. Nach römisch-katholischem Verständnis wäre es einem moralisch ehrenwerten Menschen möglich,

sein Leben lang keine Todsünde, sondern nur lässliche
Sünden zu begehen und so auch ohne persönliche Bekehrung und Annahme des Kreuzesopfers Christi mit Gott
»im Reinen« zu sein. Doch diese Auffassung ist ein höchst
gefährlicher Irrtum, denn die Bibel sagt:

> Alle haben gesündigt und erlangen nicht die Herr-
> lichkeit Gottes (Röm 3,23).

Die römisch-katholische Lehre von der Todsünde wirft
noch ein weiteres Problem auf. Die ewige Errettung ist
demnach davon abhängig, ob jede einzelne (Tod-) Sünde
sakramental »gebüßt« wurde. Wenn das aber der Fall wäre,
dann müsste jeder wiedergeborene Christ sein Leben lang
in furchtbarer Angst leben, ob er vielleicht vergessen hat,
eine Sünde zu bereuen und zu beichten. Sicherlich geht es
nicht an, als Christ bewusst an Sünden und sündigen Ge-
wohnheiten festzuhalten oder bewusst gewordene Sünden
nicht zu bereuen und zu bekennen, doch unsere ewige
Errettung ist auf keinen Fall von unserem beschränkten
menschlichen Gedächtnis abhängig. Seine Errettung und
auch Bewahrung verdankt der Gläubige allein Christus,
der sich für ihn bei Gott einsetzt:

> Meine Kinder, ich schreibe euch dies, damit ihr nicht
> sündigt; und wenn jemand sündigt – wir haben einen
> Fürsprecher bei dem Vater: Jesus Christus, den Gerech-
> ten (1Jo 2,1).

Was ist Buße?

Was man eigentlich mit »Buße« meint, ist im heutigen
Sprachgebrauch unklar. Ein allgemeingültiges, eindeu-
tiges Verständnis dieses Begriffes existiert im deutschen

Sprachraum nicht. Der Ausdruck hat sogar Eingang in die Juristensprache gefunden, wo er die »als Strafe auferlegte Abgabe von Vermögen« bezeichnet (»Bußgeld«). Im religiösen Sinn wird er oft mit einer Wiedergutmachung in Verbindung gebracht. In der Kirchensprache trat er im Mittelalter an die Stelle des Begriffs »Reue«, der zuerst das Bußsakrament, die Beichte, bezeichnet hatte.

Luther verstand Buße besser, nämlich im biblischen Sinne als »Schrecken und gläubige Reue«. Die erste von seinen berühmten 95 Thesen lautet:

> Da unser Herr und Meister Jesus Christus spricht: »Tut Buße« usw. (Matth. 4,17), hat er gewollt, dass das ganze Leben der Gläubigen Buße sein soll.

Damit sprach Luther sich gegen den röm.-kath. Ablasshandel aus, bei dem Sündenvergebung durch Geldzahlung an die Kirche erkauft werden sollte und der so ein falsches Verständnis von Buße vermittelte.

Buße spielt in der Bibel eine zentrale Rolle für die Erlangung des Seelenheils. Das wird besonders im Neuen Testament durch die gleichlautende Botschaft von Johannes dem Täufer und dem Herrn Jesus deutlich. Beide riefen: »Tut Buße!« (Mt 3,2; 4,17), Der Herr Jesus sagt von sich: »Ich bin nicht gekommen, Gerechte zu rufen, sondern Sünder zur Buße« (Lk 5,32), und der Aufruf zur Buße gehörte auch zum Auftrag von Petrus (»Tut Buße!« – Apg 2,28) und Paulus (»... dass sie alle überall Buße tun sollen« – Apg 17,30). Aber was genau soll der Mensch nun tun, wenn er »Buße tun« soll?

Lassen wir zunächst die katholische Kirche mit ihrer Definition zu Wort kommen:

[Der Sünder] muss noch etwas tun, um seine Sünden wiedergutzumachen: er muss auf geeignete Weise für seine Sünden »Genugtuung leisten«, sie »sühnen«. Diese Genugtuung wird auch »Buße« genannt.[53]

Hier ist also tatsächlich die Rede von einer Leistung auf Seiten des Menschen, die den Schaden, der durch eine begangene Sünde verursacht worden ist, wiedergutmachen soll.

Ein anderes katholisches Dokument bezeichnet den Vorgang des »Büßens« als das Erleiden einer gerechten Strafe:

Nach der Lehre der göttlichen Offenbarung folgen aus den Sünden von Gottes Heiligkeit und Gerechtigkeit auferlegte Strafen. Sie müssen in dieser Welt durch Leiden, Not und Mühsal des Lebens und besonders durch den Tod, oder in der künftigen Welt durch Feuer und Qual oder Reinigungsstrafen abgebüßt werden.[54]

Nach katholischer Auffassung ist die Buße also das, was ein Mensch zur Befreiung von Sündenschuld tut, leistet oder erleidet. Es ist ein Erlösungshandeln, womit der Mensch eine bestehende Schuld ein*löst*. Dadurch, dass er büßt, kann ein Mensch der römischen Lehre zufolge gewissermaßen den eigenen Beitrag zu seiner Erlösung leisten.

Der missverstandene »Sündenbock«
Ein ökumenisches Jugendlexikon greift die katholische Vorstellung von Buße auf und schreibt: »In Israel gab es den

---

[53] *Katechismus der Katholischen Kirche*, Nr. 1459
[54] Apostolische Konstitution zur Neuordnung des Ablasswesens, 1967, in: *Der Glaube der Kirche*, Nr. 690

Brauch stellvertretender Buße durch einen Sündenbock.«[55] Das ist jedoch eine groteske Begriffsverwechslung, denn da diese alttestamentlichen Opfer eine Vorausschattung des stellvertretenden Kreuzesopfers Jesu waren – wie der Hebräerbrief (Kap. 9 – 10) lehrt – hätte Jesus dann selber am Kreuz »stellvertretend Buße getan«, was eine absurde Vorstellung ist, denn er rief die Menschen ja auf, selber Buße zu tun.

Weil Gott gerecht ist und Sünde »keineswegs ungestraft lässt« (4Mo 14,18), muss der durch Sünde entstandene Schaden tatsächlich wiedergutgemacht und die durch Sünde verdiente Strafe tatsächlich bezahlt werden, und tatsächlich hat das beides der Herr Jesus durch sein vollkommenes Werk am Kreuz auf Golgatha getan. Die »Sündenböcke« und anderen Opfertiere im Alten Testament waren ein prophetisches Vorbild dafür (ein so genannter Typus oder Vorschatten). Nur wird das in der Bibel niemals als Buße bezeichnet. Der Herr Jesus hat stellvertretend für Sünder »gelitten«, »gesühnt«, hat Sünder »erkauft« und ist für sie »gestorben«, aber er hat nicht für Menschen Buße getan.

Buße müssen Menschen nämlich wirklich selber »tun«. Aber die Buße ist kein Eigenbeitrag an der Erlösung, den der Mensch sowieso nicht zahlen kann. Ein Sünder ist von Natur einfach unfähig, irgendetwas zu tun, was Gott Genugtuung geben könnte (vgl. Röm 8,8). Ich erinnere mich noch sehr gut, wie der katholische Pfarrer mir nach der Beichte »zur Buße« im katholischen Sinne, also als Wiedergutmachungsleistung, aufgetragen hat, ein Vaterunser und ein Ave Maria aufzusagen. Welch absonderliche Vorstellung, eine Sünde, die den Tod verdient hat, durch das Aufsagen eines Gebets wiedergutmachen zu können!

---

[55] G. Bubolz, *Religionslexikon*, Cornelsen, S. 65

Und wie könnte das Beste, was ein Mensch tun kann – zu beten – eine auferlegte Strafe sein?

Aber was ist Buße dann? Das griechische Wort, das in der Bibel dort steht, wo im Deutschen mit »Buße« übersetzt wird, ist *metanoia* und bedeutet »Sinnesänderung« oder »Umdenken«. Es meint die Herzenshaltung der Reue und Umkehr. Ein Sünder lebt verkehrt, denn er denkt verkehrt und muss von seinem falschen Weg umkehren, um auf Gott ausgerichtet zu sein. Wer sich bekehrt und gläubig wird, »ist aus dem Tod in das Leben übergegangen« (Joh 5,24). Wer gesündigt hat, soll nicht weiterhin die Sünde für richtig halten, sondern umkehren und bereuen. Über Bekehrte heißt es: »Denn ihr wart wie irrende Schafe, nun aber seid ihr bekehrt zu dem Hirten und Hüter eurer Seelen« (1Petr 2,25).

Buße ist also keine äußere Handlung oder gar erlittene Strafe, sondern ein Vorgang, der viel tiefer geht und im Innern des Menschen, in seinem Herzen, stattfindet. Die Befreiung von Sünden kann schließlich kein äußerer Prozess sein, denn Sünde ist das Problem eines sündigen Herzens. Wer nur äußerliche »Bußwerke« vollbringt, »gleicht übertünchten Gräbern, die von außen zwar schön erscheinen, inwendig aber voll von Totengebeinen und aller Unreinigkeit sind« (Mt 23,27).

Vielleicht könnte man einwenden, dass der Begriff der Buße dadurch an Bedeutung verliert, weil man dann ja zur Buße nichts »tun« müsste und Buße »nur« ein innerer Vorgang sei. Aber was zeigt denn mehr Auswirkungen und Konsequenzen im Leben eines Menschen? Ein Ritual oder eine wirkliche tiefe Reue über die Rebellion und Beleidigungen gegen Gott? Das Abarbeiten einer milden »Strafe« in Form frommer Rituale oder die kompromisslose Selbstverurteilung des eigenen bösen Denkens und Tuns? Das Einhalten religiöser Normen oder eine radikale

Umkehr vom Egoismus zu einem Leben für Christus? Die Wiederherstellung der Selbstgerechtigkeit oder die demütige Annahme der Gerechtigkeit Gottes?

Um Verwirrung zu vermeiden, müssen wir schließlich zwischen zwei Anwendungen von Buße unterscheiden: Wenn ein von Natur geistlich toter Mensch persönlich an Jesus Christus gläubig wird, schließt das eine Umkehr, eben die Buße, mit ein. Er verurteilt und bereut sein bisheriges sündiges Tun, nimmt Christus im Glauben als Erretter und Herrn an und will ihm fortan nachfolgen. Das ist ein Ereignis, das *ein für allemal* stattfindet und in der Bibel auch »Wiedergeburt« genannt wird (z.B. Titus 3,5). Wenn aber ein Kind Gottes wiederum sündigt – was leider nicht selten geschieht – dann sollte es über diese Sünde Buße tun, d.h. sie bereuen und sie vor Christus bekennen (1Jo 1,9), mit dem aufrichtigen Wunsch, ihm in Zukunft gehorsam zu sein. Diese Art von Buße ist im Leben eines Christen *immer wieder* nötig.

In der katholischen Lehre über Buße liegt eine große Gefahr. Die Aufmerksamkeit des Menschen wird auf eigene Werke und äußerliches Verhalten gerichtet, und er meint, dadurch mit Gott ins Reine kommen zu können. Doch in Wirklichkeit wird er dadurch nur von einer persönlichen, tiefen, von Herzen aufrichtigen Reue und Umkehr abgehalten, weil sie ihm nicht mehr notwendig erscheint. Da jeder Mensch von Natur aus Sünder ist, der sündigt denkt, muss er die radikale Kehrtwendung vollziehen, um nicht mehr auf den Tod, sondern auf das ewige Leben zuzueilen. Dabei ist es Gott selbst, der die Buße schenkt:

Oder verachtest du den Reichtum seiner Gütigkeit und Geduld und Langmut und weißt nicht, dass die Güte Gottes dich zur Buße leitet? (Röm 2,4).

Gott hat also auch den Nationen die Buße gegeben zum Leben (Apg 11,18).

... die Widersacher in Sanftmut zurechtweisen, ob ihnen Gott nicht etwa Buße gebe zur Erkenntnis der Wahrheit (2Tim 2,25)

Ein Sünder kann sich nicht wie Münchhausen selber aus dem Sumpf des Untergangs ziehen, auch nicht durch »Bußwerke«. Vielleicht erkennen Sie durch Gottes Gnade und durch das Licht der Bibel jetzt Ihre Notlage und Ihre Unfähigkeit, irgendetwas zu tun oder auch nur zu denken, was Gott gefällt. Dann wenden Sie sich im schlichten persönlichen Gebet an Jesus Christus, der niemanden abweist, der zu ihm kommt (Joh 6,37), und bitten Sie ihn um Buße und Glauben.

Gnade – was ist das?

Wir haben gesehen: Die Errettung eines Menschen vor dem verdienten Gericht ist allein der Gnade Gottes zu verdanken. Einerseits stimmt die katholische Kirche dem auch zu. Andererseits sagt ein unfehlbarer Lehrsatz dementgegen:

Wer behauptet ... der Gerechtfertigte *verdiene* nicht eigentlich durch die guten Werke, die er in Kraft der göttlichen Gnade und des Verdienstes Jesu Christi, dessen lebendiges Glied er ist, tut, einen Zuwachs an *Gnade*, das ewige Leben und, wenn er im Gnadenstand hinübergeht, den Eintritt in das ewige Leben, sowie auch nicht eine Mehrung seiner Herrlichkeit, der sei ausgeschlossen.[56]

---

[56] Konzil zu Trient, in: *Der Glaube der Kirche*, Nr. 850 (Hervorhebungen hinzugefügt)

Diese Vorstellung, Gnade könne verdient werden, vermittelt auch der Katechismus:

> Vom Heiligen Geist und der Liebe dazu angetrieben, können wir uns selbst und anderen die Gnaden verdienen, die zu unserer Heiligung, zum Wachstum der Gnade und Liebe sowie zum Erlangen des ewigen Lebens beitragen.[57]

Ob einem Menschen Gnade zuteil wird, ist also der katholischen Kirche zufolge vom Menschen selbst abhängig. Da mit den Sakramenten so etwas wie anzapfbare »Gnadenkanäle« bereitstehen, kann man sich der Kirche nach auch durch die korrekte Ausführung dieser Riten Gnade zufließen lassen. Die Kirche schreibt:

> Die sichtbaren Riten, unter denen die Sakramente gefeiert werden, bezeichnen und bewirken die Gnaden, die jedem Sakrament zu eigen sind.[58]

Kann man sich Gnade verdienen?

Die katholische Vorstellung, Gnade könne durch gute Werke verdient oder durch Sakramente bewirkt werden, oder man könne Gott irgendwie »gnädig stimmen«, ist in sich selbst schon ein Widerspruch, denn Gnade ist definitionsgemäß etwas, das man *nicht* verdient hat. Gnade ist das Gegenteil von Verdienst. Begnadigung ist der Akt eines Richters. Einen menschlichen Richter könnte man vielleicht irgendwie »gnädig stimmen«, doch dann liegt keine Begnadigung mehr im eigentlichen Sinne vor, son-

---

[57] *Katechismus der Katholischen Kirche*, Nr. 2010
[58] *Katechismus der Katholischen Kirche*, Nr. 1131

dern Beeinflussung oder Manipulation. Gott lässt sich aber
weder manipulieren noch beeinflussen, sondern ist souve-
rän: »Wen er will, dessen erbarmt er sich, und wen er will,
verhärtet er« (Röm 9,18).

Über das Verhältnis von eigenen Werken und Gnade
schreibt Paulus:

> Alle haben gesündigt und erlangen nicht die Herr-
> lichkeit Gottes und werden umsonst gerechtfertigt
> durch seine Gnade (Röm 3,23).
> Dem aber, der Werke tut, wird der Lohn nicht ange-
> rechnet nach Gnade, sondern nach Schuldigkeit (Röm
> 4,4).
> … Wenn aber durch Gnade, so nicht mehr aus Wer-
> ken, sonst ist die Gnade nicht mehr Gnade (Röm 11,6).

Kein Mensch hat irgendeinen Grund, sich aufgrund eigener Werke vor Gott irgendeines Verdienstes zu rühmen.
Alle Ehre steht allein Gott zu:

> Denn aus Gnade seid ihr errettet durch Glauben, und
> das nicht aus euch, Gottes Gabe ist es; nicht aus Wer-
> ken, damit niemand sich rühme (Eph 2,8).

Wer meint oder versucht, durch Befolgen bestimmter Gebote selbst irgendetwas am eigenen Heil beitragen zu können, läuft sogar Gefahr, »aus der Gnade zu fallen«:

> Ihr seid von Christus abgetrennt, die ihr im Gesetz
> gerechtfertigt werden wollt; ihr seid aus der Gnade ge-
> fallen (Gal 5,4).

Die Lehre von Sakramenten als Ritualen, die »Gnade

bewirken«, ist der Bibel insgesamt fremd. Zugang zur Gnade Gottes öffnen uns nicht Werke und Riten, sondern ausschließlich –

> … Jesus Christus, durch den wir im Glauben auch Zugang erhalten haben zu dieser Gnade (Röm 5,2).

Was ist Erlösung?

Was bedeutet das Wort »Erlösung«? Es kommt von »lösen« und bezeichnet die Befreiung, also Loslösung von einer bestehenden Schuld oder die Zahlung eines »Lösegelds«. Um ewiges Leben zu erlangen, müssen Menschen von Sünde und Tod erlöst werden. Diese Erlösung kostet einen Preis.

Was lehrt nun die römisch-katholische Kirche, womit dieser Preis der Erlösung von Menschen bezahlt wird? Ihrer Lehre zufolge gibt es einen ganzen Vorrat an Verdiensten, aus dem alle bestehende Schuld bezahlt werden kann. Diesen Vorrat nennt die Kirche »Kirchenschatz«:

> [Der »Kirchenschatz« besteht] in dem unendlichen und unerschöpflichen Wert, den bei Gott die Sühneleistungen und Verdienste Christi, des Herrn, haben … Außerdem gehört zu diesem Schatz auch der wahrhaft unermessliche, unerschöpfliche und stets neue Wert, den vor Gott die Gebete und guten Werke der seligen Jungfrau Maria und aller Heiligen besitzen. Sie sind den Spuren Christi, des Herrn, mit seiner Gnade gefolgt, haben sich geheiligt und das vom Vater aufgetragene Werk vollendet. So haben sie ihr eigenes Heil gewirkt und dadurch auch zum Heil ihrer Brüder in der Einheit des mystischen Leibes beigetragen.[59]

---

[59] *Der Glaube der Kirche*, Nr. 691

Der zur Erlösung erforderliche Preis ist also der Kirche nach der Verdienst sowohl von Christus, als auch von besonders heiligen Menschen – die so den Preis für ihre eigene Erlösung, aber auch für die Erlösung anderer erworben haben. Im selben Dokument der Kirche aus dem Jahr 1967 finden sich noch weitere Aussagen, dass Menschen den Preis der Erlösung erwirtschaften könnten:

> Desgleichen wurden in der Kirche schon zu alten Zeiten gute Werke ... für das Heil der Sünder Gott aufgeopfert ... Die Gebete und die guten Werke der Gerechten schätzte man so hoch ein, dass man behauptete, der Bußfertige werde ... [dadurch] gewaschen, gereinigt und erlöst ...
>
> Auf den Spuren Christi haben die Christgläubigen stets ... das eigene Kreuz zur Sühne für ihre und anderer Sünden getragen, im sicheren Wissen, dass sie ihren Brüdern ... zur Erlangung des Heils Hilfe leisten können.[60]

Ein unermesslich hoher Preis

Der Gedanke, Menschen könnten einen Beitrag zur eigenen Erlösung oder der Erlösung anderer leisten, ist der Bibel nicht nur fremd, sondern widerspricht dem Evangelium zutiefst. Allein Christus ist es, der unsere Erlösung bezahlen und verdienen kann, und er hat das am Kreuz von Golgatha getan. Dort vollbrachte er das vollkommene Erlösungswerk, dem nichts hinzugefügt werden kann. Alles andere, jeder weitere Zusatz zu diesem Werk, stellt eine Beleidigung Christi dar, denn schließlich wird sein Werk dadurch ge-

---

[60] Apostolische Konstitution über die Neuordnung des Ablasswesens, Paulinus-Verlag 1967, S. 97, 85; vgl. *Der Glaube der Kirche*, Nr. 691

ringgeschätzt und nicht mit dem Wert geachtet, den es wirklich hat. Ist sein Werk etwa nicht ausreichend? Hat er es nicht »vollbracht«? Müssen wir zu unserer Erlösung noch auf irgendjemand anderen vertrauen, als auf ihn?

Als eine Katholikin durch eine schwere Krankheit plötzlich erblindete, sagte ein Katholik ihr zum Trost: »Dieses Leid trägt doch zu deiner Erlösung bei!« Ihre Antwort war: »Das kann doch nicht sein, denn Jesu Opfer vom Kreuz ist doch vollkommen und genug, und ihm kann nichts hinzugefügt werden!« Es ist zwar fraglich, dass diese Frau diese Wahrheit in ihrer eigenen Kirche gelernt hat, doch sie hat genau die richtige Entgegnung auf diesen falschen Trost gegeben.[61]

Als Preis der Erlösung zählt für Gott nur das sündlose Leben Christi. Deshalb ist er auf diese Erde gekommen, damit er sein Leben hingab als Erlösungsgeld:

> … wie der Sohn des Menschen nicht gekommen ist, um bedient zu werden, sondern um zu dienen und sein Leben zu geben als Lösegeld für viele (Mt 20,28).

Durch Abertausende blutiger Tieropfer im Alten Testament – die Vorschatten für Christus waren – wurde deutlich: Zur Erlösung ist ein stellvertretendes Opfer nötig, das sein Leben an des Sünders Stelle gibt und das zu seinen Gunsten sein Blut vergießt. Alle bloßen Werke von Menschen sind als Erlösungswerke untauglich, weil es keine »blutigen Opfer« sind – und selbst wenn sie ihr Leben

---

[61] Leid kann jedoch eine von Gott gewollte Seelenübung für Gläubige sein, vgl. z. B. Röm 8,18.28 und Zusammenhang; 1Petr 4,13, oder Unbekehrten die Notwendigkeit der Umkehr verdeutlichen, vgl. z. B. Lk 13,2-5

und ihr Blut gäben, wäre es das von Sündern. Es ist nur das sündlose Blut Christi, durch das der Mensch erlöst und damit für Gott erkauft werden kann:

> Denn ihr wisst, dass ihr nicht mit vergänglichen Dingen, mit Silber oder Gold, erlöst worden seid von eurem eitlen, von den Vätern überlieferten Wandel, sondern mit dem kostbaren Blut Christi ... (1Pt 1,18-19).
>
> In ihm [Christus] haben wir die Erlösung durch sein Blut, die Vergebung der Vergehungen (Eph 1,7).
>
> Christus aber ist ... mit seinem eigenen Blut ein für allemal in das Heiligtum hineingegangen und hat uns eine ewige Erlösung erworben ... Ohne Blutvergießen gibt es keine Vergebung (Hebr 9,11-12.22).

Gottes Wort kennt keinen anderen Preis, mit dem Menschenseelen erkauft werden könnten. Es gibt auch nichts, was in seinem Wert irgendwie mit dem sündlosen Blut Jesu Christi verglichen werden könnte. Deshalb sollte die Vorstellung von Erlösung durch Menschenwerke jedem Christen zuwider sein.

Fegefeuer und Ablässe

Die römisch-katholische Kirche lehrt, dass es nach dem Tod außer Himmel und Hölle für den Menschen noch eine dritte Möglichkeit gäbe – das Fegefeuer. An diesen Ort kommt angeblich sogar die Mehrzahl der Katholiken oder Menschen schlechthin, um dort von restlicher Sündenschuld befreit zu werden. Die noch Lebenden können angeblich die Befreiung von Seelen aus dem Fegefeuer durch Ablässe beschleunigen. Die Lehre von Fegefeuer und Ablässen stammt zwar aus dem Mittelalter und war insbesondere der Anstoß zur Reformation, sie besteht heute jedoch noch – entgegen verbreiteten Vorstellungen – unverändert als unfehlbares Dogma fort:

> Es gibt einen Reinigungsort [Fegefeuer], und die dort festgehaltenen Seelen finden eine Hilfe in den Fürbitten der Gläubigen, vor allem aber in dem Gott wohlgefälligen Opfer des Altares.[62]
>
> Wer behauptet, nach erlangter Rechtfertigungsgnade werde jedwedem bußfertigen Sünder die Schuld so erlassen und die Strafwürdigkeit für die ewige Strafe so getilgt, dass auch keine Strafwürdigkeit zu einer zeitlichen Strafe mehr abzubüßen bleibe, sei es in diesem Leben oder im zukünftigen, im Fegefeuer, bevor der Zugang zum Himmelreich offensteht, der sei ausgeschlossen.[63]

Noch im Jahr 1967 hat die römische Kirche ein offizielles

---

[62] Konzil zu Trient, in: *Der Glaube der Kirche*, Nr. 907 (unfehlbar)
[63] Ebd. Nr. 848 (unfehlbar)

Lehrdokument über Ablässe herausgegeben, das diese mittelalterliche Lehre ausdrücklich bestätigt.[64] Auch der neuere *Katechismus der Katholischen Kirche* bestätigt diese Entschlüsse:

> Die Kirche nennt diese abschließende Läuterung der Auserwählten ... Purgatorium (Fegefeuer). Sie hat die Glaubenslehre in Bezug auf das Purgatorium vor allem auf den Konzilien von Florenz und Trient formuliert ...
> ... Die Kirche empfiehlt auch Almosen, Ablässe und Bußwerke zugunsten der Verstorbenen.[65]

Auch heute noch gewährt der Papst des Öfteren zu bestimmten Anlässen Ablässe. Z. B. wurden in einem Dekret vom 25. Dezember 2004 für das »Eucharistische Jahr 2005« besondere Ablässe gewährt. »Sie können bei der Verehrung des Allerheiligsten Altarsakramentes gewonnen werden.«[66]

Papst Benedikt XVI. fördert besonders das Wiederaufleben der Ablasslehre. So hat er allen Katholiken den Erlass ihrer Sünden verheißen, wenn sie sich am 8. Dezember 2005, dem katholischen Fest der »unbefleckten Empfängnis Mariens« und dem 40. Jahrestages des Konzilsendes, in besonderer Andacht widmen.[67] Zum Weltjugendtag 2008 in Sydney vermeldete Radio Vatikan:

> Wer vom 15. bis 20. Juli nach Sydney pilgert und mit

---

[64] Apostolische Konstitution über die Neuordnung des Ablasswesens; vergl. *Der Glaube der Kirche*, Nr. 690 – 692
[65] *Katechismus der Katholischen Kirche*, Nr. 1031, 1032
[66] http://www.kreuz.net/article.510.html
[67] Newsletter von Radio Vatikan vom 29.11.2005, archiviert unter radiovaticana.org

einer entsprechenden Gesinnung an den Veranstaltungen sowie Abschlussgottesdienst teilnimmt, kann einen Nachlass der zeitlichen Sündenstrafen erhalten. Das geht aus einem Dekret hervor, das die Apostolische Pönitentiarie an diesem Samstag veröffentlichte. Weitere Voraussetzungen sind der Empfang des Bußsakraments, der Eucharistie und das Gebet entsprechend der Meinung des Papstes. Jeder katholische Gläubige, der weltweit für das Gelingen der Veranstaltung und im Geist des Jugendtreffens betet, kann entsprechend dem Dekret einen Teilablass gewinnen.[68]

Was lehrt die Bibel?

Die Aussagen der Bibel über das Fegefeuer lassen sich sehr kurz zusammenfassen: Das Fegefeuer kommt in der Bibel gar nicht vor. Das ist eine bemerkenswerte Tatsache, wenn doch das Fegefeuer Schicksal so vieler Menschen nach ihrem Tod sein soll. Aber das Fegefeuer ist die Konstruktion menschlichen Wunschdenkens, das noch eine weitere Möglichkeit zwischen den Extremen von Himmel und Hölle sehen will. Die Bibel sagt ausdrücklich, dass es für die Ewigkeit nur zwei Möglichkeiten gibt, und dass zum Zeitpunkt des Todes die endgültige Entscheidung gefallen ist:

Wer gläubig geworden und getauft worden ist, wird errettet werden; wer aber ungläubig ist, wird verdammt werden (Mk 16,16).

Und wie es den Menschen bestimmt ist, einmal zu sterben, danach aber das Gericht … (Hebr 9,27).

Wer an den Sohn glaubt, hat ewiges Leben; wer aber

---

[68] Newsletter von Radio Vatikan vom 5.7.2008, radiovaticana.org

dem Sohn nicht gehorcht, wird das Leben nicht sehen, sondern der Zorn Gottes bleibt auf ihm (Joh 3,36).

Die Reinigung von Sündenstrafe geschieht durch den Glauben an Jesus Christus und niemals durch eigene Leistungen. Dafür hat er stellvertretend die verdiente Strafe erlitten und sein Erlösungswerk ist vollkommen. Ein Zusatz an menschlicher Leistung oder die Behauptung, an den Erlösten verbliebe noch ein Rest an Sündenschuld, verunehren das vollkommene Werk Christi.

Auf einen »Kirchenschatz«, aus dem kirchliche Autoritäten menschlichen Leistungen gemäß Ablässe verteilen können, gibt es im Neuen Testament keinen einzigen Hinweis. Ein ehemaliger katholischer Priester schrieb darüber: »Die Gnade Christi und die Vergebung unserer Schuld gegenüber Gott wird auf diese Weise zum Handelsobjekt degradiert. Wo bleibt so das tief-persönliche Verhältnis zu Gott, zu dem uns die Bibel auffordert? Wie weit ist doch diese Lehre und Praxis entfernt von der strahlenden Liebe Gottes, die uns in Jesus Christus offenbart wird! Wie ganz anders zeichnet uns Christus seinen himmlischen Vater im Gleichnis vom verlorenen Sohn (Lukas 15)!«[69]

---

[69] H. J. Hegger, *Die katholische Kirche*, Immanuel-Verlag 1995, S. 84

Was ist mit Maria?

Wenn wir uns hier mit Maria, der Mutter Jesu, auseinandersetzen, sei zunächst gesagt, dass es uns fernliegt, irgendetwas gegen diese vorbildliche Frau sagen zu wollen. Hier wollen wir nur feststellen, ob die katholische Lehre über Maria mit den Aussagen der Bibel übereinstimmt.

In den vergangenen zwei Jahrhunderten sind zahlreiche päpstliche Enzykliken, Rundschreiben und Dogmen zur Ehre Marias veröffentlicht worden, darunter auch solche, die neue mariologische Lehren aufstellten wie die unbefleckte Empfängnis Marias (1854) und die Aufnahme Marias in den Himmel (1950). In diesen Dokumenten wird Maria mit einer solchen Flut von Lobpreis überschüttet, wie ich es zuvor noch nirgends über einen Menschen gelesen habe, nicht einmal in Bezug auf unseren wunderbaren Herrn Jesus Christus. Die Verehrung Marias hat im Lauf der Geschichte der römisch-katholischen Kirche ständig an Bedeutung gewonnen. Papst Johannes Paul II. war ein inbrünstigster Marienverehrer, was er durch sein Motto *totus tuus* (»völlig dein«, in Bezug auf Maria) ausdrückte. Auch Papst Benedikt XVI. schließt seine Schreiben stets mit einer nachdrücklichen Widmung oder Weihe an die Gottesmutter.

Hier eine Auswahl aus den katholischen Lehrdokumenten über die Stellung und Bedeutung der katholischen Marienvorstellung:

Die Lehre, dass die allerseligste Jungfrau Maria im ersten Augenblick ihrer Empfängnis ... von jeder Makel der Erbsünde bewahrt blieb, ist von Gott geoffenbart

und muss deshalb von allen Gläubigen fest und unab-
änderlich geglaubt werden … Auf sie setzen wir Unsere
ganze Hoffnung und Unser vollstes Vertrauen. Ist sie
doch ganz schön und ohne Makel; sie hat das giftige
Haupt der Schlange zertreten und der Welt das Heil gebracht; sie ist … die sicherste Zuflucht und treue Helfe-
rin aller Gefährdeten des Erdkreises, die mächtige Mittlerin und Versöhnerin bei ihrem eingeborenen Sohne …
Sie ist gesetzt vom Herrn als Königin des Himmels und
der Erde …[70]

Es ist eine von Gott geoffenbarte Glaubenswahrheit,
dass die unbefleckte, immer jungfräuliche Gottesmutter
Maria nach Vollendung ihres irdischen Lebenslaufes
mit Leib und Seele zur himmlischen Herrlichkeit auf-
genommen worden ist. Wenn daher … jemand diese
Wahrheit … zu leugnen oder bewusst in Zweifel zu
ziehen wagt, so soll er wissen, dass er vollständig vom
göttlichen und katholischen Glauben abgefallen ist.[71]

… nach ihrer Aufnahme in den Himmel … fährt
[Maria] durch ihre vielfältige Fürbitte fort, uns die Gaben des ewigen Heils zu verschaffen …[72]

… wie deshalb niemand zum Vater im Himmel kommen kann als durch den Sohn, so ähnlich kann niemand
zu Christus kommen als durch seine Mutter.[73]

Der Tod kam durch Eva, das Leben durch Maria.[74]

---

[70] Pius IX., »Ineffabilis Deus«; in: *Heilslehre der Kirche*, Paulusverlag
1953, S. 323-325 (unfehlbar)

[71] Papst Pius XII., »Munificentissimus Deus«; in: *Der Glaube der Kirche*, Nr. 487 (unfehlbar)

[72] *Katechismus der Katholischen Kirche*, Nr. 969

[73] Leo XIII., »Octobri mense«; in: *Heilslehre der Kirche*, S. 301

[74] II. Vatikanisches Konzil; in: *Kleines Konzilskompendium*, S. 189

Die Maria der Bibel

Die biblische Lehre über Maria ist äußerst knapp, denn außer in den ersten beiden Kapiteln von Lukas und Matthäus und in Johannes 2 (Hochzeit zu Kana), wird sie nur noch fünfmal kurz erwähnt (zzgl. vier parallele Berichte), das letzte Mal zu Beginn der Apostelgeschichte (Apg 1,14) beim gemeinsamen Gebet mit den Jüngern. Man kann gar nicht von einer besonderen »Lehre« der Bibel über Maria sprechen, da über sie keine Lehre aufgestellt, sondern nur aus ihrem Leben berichtet wird. Einen Hinweis auf ihre Stellung vor Gott geben uns die Worte des Engels Gabriel in Lukas 2,28-30, wo er sie »Begnadete« (die richtige Übersetzung des katholischen »voll der Gnade«) nennt, und ihr mitteilt, dass sie »Gnade bei Gott gefunden« hat. Das lässt keinen anderen Schluss zu, als dass sie selbst Gnade und somit Erlösung brauchte. In der Bibel finden wir keine Lehre von Maria als »Mittlerin aller Gnaden«, »Unbefleckt Empfangene«, »Himmelskönigin«, »Miterlöserin«, »Schlangenzertreterin«, »Mittlerin zum Mittler« oder von ihrer angeblichen Himmelfahrt. Diese Lehren sind schlicht und einfach unbiblisch.

Viele katholische Lehren über Maria sind schon deshalb hinfällig, weil die Bibel eindeutig zeigt, dass sie nicht »ewige Jungfrau« ist, sondern nach der Geburt Jesu auf natürliche Weise weitere Kinder bekam. Die mehrmals erwähnten Brüder Jesu (z. B. Mt 12,46; 13,55; Joh 2,12; 7,3-5) sind nicht, wie Katholiken häufig annehmen, seine Vettern, denn für »Vetter« gibt es im Neuen Testament ein anderes Wort (siehe Kol 4,10), sondern tatsächlich seine (Halb-) Brüder. Besonders schön belegt das der Psalm 69, der prophetisch von Jesus spricht.[75] Über den am Kreuz leidenden

---

[75] Vgl. Ps 69,22 mit dessen Zitat in Bezug auf Jesus in Mt 27,47-48

Herrn steht hier in Vers 9 geschrieben: »Entfremdet bin ich meinen Brüdern und ein Fremder geworden den Söhnen meiner Mutter.«

Jesus selbst spricht Maria nie mit »Mutter«, sondern stets mit »Frau« an, wie z. B. bei der Hochzeit zu Kana: »Was habe ich mit dir zu schaffen, Frau?« (Joh 2,4). Maria hat in der Bibel keinen besonderen Vorrang vor den anderen Jüngern. Das stellt der Herr selbst heraus:

> ... da erhob eine Frau aus der Volksmenge ihre Stimme und sprach zu ihm: Glückselig der Leib, der dich getragen, und die Brüste, die du gesogen hast! Er aber sprach: Gewiss, doch glückselig, die das Wort Gottes hören und befolgen! (Lk 11,27-28).

Der wunderbare und unfassbare Vorzug, den Herrn Jesus selbst in sich zu tragen, kommt nämlich jedem wiedergeborenen Christen zu:

> Wenn jemand mich liebt, so wird er mein Wort halten, und mein Vater wird ihn lieben, und wir werden zu ihm kommen und Wohnung bei ihm machen (Joh 14,23).
>
> ... nicht mehr lebe ich, sondern Christus lebt in mir (Gal 2,20). ... Christus in euch: die Hoffnung der Herrlichkeit (Kol 1,27).

Wer sich der herrlichen Gnade Gottes einmal bewusst geworden ist und seine umgestaltende Macht, die aus Egoisten Heilige machen kann, selbst erfahren hat, der kann wirklich wie Maria ausrufen: »Großes hat der Mächtige an mir getan, und heilig ist sein Name!« (Lk 2,49).

Marias Bezeichnung als »Schlangenzertreterin« ist eine Anspielung auf 1. Mose 3,15, wo Gott nach dem Sündenfall zur Schlange, dem Teufel, spricht: »Ich werde Feindschaft setzen zwischen dir und der Frau, zwischen deinem Samen und ihrem Samen; und er wird dir den Kopf zermalmen, und du, du wirst ihm die Ferse zermalmen.« Hier sehen wir deutlich, dass es der *Same* der Frau ist, ihr Nachkomme, nämlich Jesus Christus selbst, der die feindliche Schlange besiegt. Das hat er am Kreuz getan, dort hat er »durch den Tod den zunichte gemacht, der die Macht des Todes hat, das ist den Teufel« (Hebr 2,14). Dieser Verdienst kommt niemand anderem zu als dem Herrn Jesus allein. Von daher ist auch die Bezeichnung Marias als »Miterlöserin« eine Beleidigung des einzigartigen Werkes Jesu. Dass niemand Erlösung geben kann als allein Jesus Christus, ist oben bereits deutlich geworden.

Eine »Königin des Himmels« kommt in der Bibel tatsächlich vor, jedoch als Götze, und mit ihrer Verehrung beschworen die Israeliten den Zorn Gottes auf sich herab (siehe Jer 7,18 und 44,17-19). Im Himmel gibt es nur einen König, Jesus Christus. Seine Braut, die Gemeinde, befindet sich zur Zeit noch auf der Erde.

Jesus ist auch nicht der »eingeborene Sohn« Marias, sondern ihr »erstgeborener Sohn« (Lk 2,7) und der »eingeborene Sohn Gottes« (Joh 3,18).

Ein besonders krasses Beispiel dafür, dass die katholische Lehre Maria immer wieder mit Titeln und Auszeichnungen benennt, die nur dem Herrn Jesus zustehen, vermittelt uns ein Vergleich der Aussage vom 2. Vatikanischen Konzil: »der Tod kam durch Eva, das Leben durch Maria« (s.o.) mit den entsprechenden biblischen Aussagen:

Da ja durch einen Menschen der Tod kam, so auch durch einen Menschen die Auferstehung der Toten.

Denn wie in Adam alle sterben, so werden auch in Christus alle lebendig gemacht werden (1Kor 15,21-22; vgl. auch Röm 5,12-19).

Wie wir gelesen haben, tritt die Maria des Katholizismus auch als Fürsprecherin bei Gott an die Stelle Christi. Doch der Bibel zufolge haben wir in Christus einen vollkommenen und mitfühlenden Fürsprecher und Hohenpriester beim Vater:

> ... wenn jemand sündigt – wir haben einen Fürsprecher bei dem Vater: Jesus Christus, den Gerechten (1Jo 2,1).
>
> Denn wir haben nicht einen Hohenpriester, der nicht Mitleid haben könnte mit unseren Schwachheiten, sondern der in allem in gleicher Weise versucht worden ist, doch ohne Sünde (Hebr 4,15).
>
> ... denn worin er selbst versucht worden ist, kann er denen helfen, die versucht werden (Hebr 2,18).

Ein Fürsprecher ist ja jemand, an den wir uns ganz persönlich mit unseren Anliegen wenden können. Deshalb zeichnen sich gläubige Christen dadurch aus, dass sie »den Namen des Herrn [Jesus] anrufen« (Röm 10,13 und Apg 2,21 zitieren Joel 3,5), also persönlich zum Herrn Jesus um Rettung und Hilfe beten. Manche bezeichnen »50/15« als die »Telefonnummer Gottes«, denn in Psalm 50,15 verheißt Gott: »Rufe mich an am Tag der Not; ich will dich erretten, und du wirst mich verherrlichen!« Aus dem Neuen Testament wissen wir, dass es der Herr Jesus ist, an und in dessen Namen Gläubige in persönlicher Hinwendung beten.

Doch so wenig Nachdruck die katholische Kirche auf die Notwendigkeit einer persönlichen Beziehung zum Herrn und Heiland Jesus Christus legt, so viel Nachdruck legt sie merkwürdigerweise auf eine persönliche Beziehung zu Maria. Der Herr Jesus möchte jedoch, dass wir eine persönliche Beziehung zu ihm haben, und entweder haben wir diese unmittelbare Beziehung zu ihm oder gar keine Beziehung zu Gott, entweder sind wir »in ihm« oder »getrennt vom ihm« (Joh 15,5). Eine indirekte Beziehung zu ihm über einen Mittler gibt es nicht. Er selbst ist der einzige Mittler zu Gott:

> *Einer* ist Gott und *einer* ist Mittler zwischen Gott und Menschen, der Mensch Christus Jesus (1Tim 2,5).

Ein Mittler, zu dem man wiederum einen weiteren Mittler benötigt, wäre allerdings ein schlechter Mittler. Doch Christus ist der vollkommene Mittler:

> Alles, was mir der Vater gibt, wird zu mir kommen, und wer zu mir kommt, den werde ich nicht hinausstoßen (Joh 6,37).
>
> Denn er ist Herr über alle, und er ist reich für alle, die ihn anrufen; »denn jeder, der den Namen des Herrn anrufen wird, wird errettet werden« (Röm 10,12-13).

Ein Christ, der sich mit der katholischen Lehre auseinandergesetzt hatte, schrieb einmal sehr treffend:

> Ist Marias Herz denn empfindsamer und herablassender, als das Herz dessen es war, welcher sich vom Himmel bis zu uns herab erniedrigte, um uns von seiner Liebe zu überzeugen? … Ich kann mich ihm anvertrauen, mehr als irgendeinem anderen, wer es auch sein möge. Nur aus seinem Herzen ist das Lebensblut für mich vergossen worden. Ich vertraue seiner Güte mehr als der Güte einer Maria und aller Heiligen, mögen diese in ihrem Bereich noch so gesegnet gewesen sein. Nein, die Lehre von den vielen Mittlern und von der Jungfrau Maria, als der einen, durch deren Herz ich Jesus zu nahen habe, ist

Unglaube gegenüber der Gnade Christi; sie verleugnet seine Herrlichkeit als die des mitfühlenden Hohenpriesters.[76]

Die Aussage, niemand könne »zu Christus kommen als durch seine Mutter« setzt Maria sogar an die Stelle des himmlischen Vaters, denn Jesus sagte: »Niemand kann zu mir kommen, wenn nicht der Vater ihn zieht« (Joh 6,44).

Zusammenfassend lässt sich sagen, dass die katholische Lehre über Maria falsch und verführerisch ist, weil es nur einen Erlöser gibt, nur einen himmlischen König, nur einen »Schlangenzertreter«, nur einen Fürsprecher und Mittler beim Vater, nur einen, zu dem wir unsere Zuflucht nehmen und alle Sorgen auf ihn werfen können, nur einen, dem wir glaubend vertrauen und gehorchen sollen: Jesus Christus ist der vollkommene Retter, Mittler und Fürsprecher in allen unseren geistlichen Belangen.

Mögen Katholiken doch vor allem die letzten Worte Marias beherzigen, die in der Bibel überliefert sind: »Was er (Jesus) euch sagt, das tut!« (Joh 2,5).

---

[76] J. N. Darby, *Aberglaube ist nicht Glaube*, Beröa Verlag, S. 21-22

Die Eucharistie

Die Eucharistie bzw. die heilige Messe hat für den Katholizismus eine überragende Bedeutung. Die Kirche selbst bezeichnet sie als »Quelle und Höhepunkt des ganzen christlichen Lebens«.[77]

Allem voran lehrt die Kirche, dass sich Brot und Wein tatsächlich in Leib und Blut Christi verwandeln:

> Wer leugnet, dass im Sakrament der heiligsten Eucharistie wahrhaft, wirklich und wesentlich der Leib und das Blut zugleich mit der Seele und der Gottheit unseres Herrn Jesus Christus und folglich der ganze Christus enthalten ist, und behauptet, er sei in ihm nur wie im Zeichen, im Bild oder in der Wirksamkeit, der sei ausgeschlossen.[78]

Weil die geweihte Hostie angeblich der wirkliche Christus ist, wird ihr Anbetung entgegengebracht:

> Die katholische Kirche erweist der heiligen Eucharistie nicht nur während der heiligen Messe, sondern auch außerhalb der Messfeier den Kult der Anbetung, indem sie die konsekrierten Hostien mit größter Sorgfalt aufbewahrt, sie den Gläubigen zur feierlichen Verehrung aussetzt und sie in Prozession trägt.[79]

---

[77] *Katechismus der Katholischen Kirche*, Nr. 1324
[78] Konzil zu Trient, in: *Der Glaube der Kirche*, Nr. 577 (unfehlbar)
[79] *Katechismus der Katholischen Kirche*, Nr. 1378

Die neben der sogenannten Transsubstantiation (Wand-
lung) wichtigste Bedeutung der Eucharistiefeier ist die
Lehre, sie sei ein vom Priester dargebrachtes Opfer, das
Genugtuung für begangene Sünden sowohl von Lebenden
als auch von Verstorbenen leistet:

> Als Opfer wird die Eucharistie auch zur Vergebung
> der Sünden der Lebenden und der Toten dargebracht
> und um von Gott geistliche und zeitliche Wohltaten zu
> erlangen.[80]

Die Opfergabe ist dabei Christus selbst, der unblutig geopfert wird:

> In diesem göttlichen Opfer … ist jener selbe Christus
> enthalten und wird unblutig geopfert.[81]

Die Anrechnung dieses Opfers lässt sich der Kirche zufolge
durch Geld erwerben, wenn man als Katholik für einen im
Fegefeuer vermuteten Verstorben »die Messe lesen« lässt.
Die Bedeutung der Eucharistie als tatsächliches Opfer
lässt sich besonders gut verstehen, wenn man sich vorstellt,
eine Messe würde irgendwie verhindert oder ausfallen. In
diesem Fall würde der röm.-kath. Lehre zufolge das Opfer
nicht geleistet und somit bestimmte Sünden nicht gesühnt
und bestimmte Fegefeuerstrafen nicht erlassen.

Teilnahme an der Messe und Empfang der Kommunion
sind laut Kirche von unschätzbarer Bedeutung für das
geistliche Leben des Katholiken:

---

[80] *Katechismus der Katholischen Kirche*, Nr. 1414
[81] *Katechismus der Katholischen Kirche*, Nr. 1367

Die Kommunion vertieft unsere Vereinigung mit Christus ...

Die Kommunion ... bewahrt, vermehrt und erneuert das in der Taufe erhaltene Gnadenleben. Damit das christliche Leben wächst, muss es durch die eucharistische Kommunion, das Brot unserer Pilgerschaft, genährt werden bis zur Todesstunde ...[82]

Was lehrt die Bibel?

Sollten die oben dargelegten katholischen Auffassungen von der Feier des Abendmahls wirklich zutreffend sein, dann ist die enorme Wertschätzung dieses Sakraments seitens der Katholiken nicht nur verständlich, sondern auch angebracht, geht es doch um die Gegenwart und Anbetung Jesu Christi selbst. Bei aller Hochachtung vor der von Katholiken gezeigten Ehrfurcht vor der Eucharistie müssen wir dennoch bereit sein, diese Lehre nach dem Maßstab der Bibel zu prüfen. Dabei wollen wir von der hohen Bedeutung der Abendmahlfeier jedoch nichts wegnehmen, sondern sie in biblisches Licht rücken.

Bei einer Prüfung anhand der Bibel stellen wir zunächst fest, dass die Lehre von der Verwandlung von Brot und Wein in der Bibel nicht vorkommt. Wenn der Herr Jesus sagte, »dies ist mein Leib«, so bedeutet das nicht notwendigerweise eine solche Verwandlung. Angenommen, Brot und Wein waren beim Letzten Abendmahl nur Bilder oder Symbole für Leib und Blut Jesu, so ist seine Aussage »dies ist mein Leib – dies ist mein Blut« dennoch unvermindert wahr. Wenn ich jemanden ein Foto von meiner Frau oder von meinen Kindern zeige und dabei sage: »Das ist meine

---

[82] *Katechismus der Katholischen Kirche*, Nr. 1391 und 1392

Frau, das sind meine Kinder«, so ist diese Aussage wahr, auch ohne dass sich die Fotos in meine Frau und Kinder verwandeln.

Jesus hat sehr oft in Bildern gesprochen (z.B. »hütet euch vor dem Sauerteig der Pharisäer« – Mk 8,15; oder »ich bin die Tür« – Joh 10,9), und sogar kurz nach dem Letzten Abendmahl sagte er zu seinen Jüngern: »Dies habe ich in Bildern zu euch geredet« (Joh 16,25). An keiner Stelle der Bibel ist die Rede von einer Wesensverwandlung oder von einer Anbetung von Brot und Wein.

Das Abendmahl wurde während des Passahmahls eingesetzt, und das Passahmahl war selbst ein symbolisches Gedächtnismahl. Daher liegt es nahe, dass Christen heute das Abendmahl als genau das begehen, als was die Bibel es bezeichnet: als symbolisches Gedächtnismahl (»dies tut zu meinem Gedächtnis«, Lk 22,19). Jesus hätte bei dem Passahmahl auch gut ein Stück Fleisch vom Passahlamm nehmen und darüber sagen können, »dies ist mein Leib« – denn gerade das Passahlamm war ein symbolisches Vorbild für den Herrn Jesus. Aber er nahm aus gutem Grund nicht Fleisch, sondern Brot. Denn weil er sein ein für allemal gültiges Opfer vom Kreuz dargebracht hat, braucht kein weiteres Opfertier mehr sterben, kein Blut mehr vergossen werden, sondern es reichen Brot und Wein, um uns daran zu erinnern.

Die Bibel lehrt über das Abendmahl vor allem zwei Dinge: Erstens ist es ein Gedächtnismahl an den Herrn Jesus und an sein Werk von Golgatha, wo sein Leib zerbrochen und sein Blut vergossen wurde. Der Christ führt sich beim »Brechen des Brotes« (Apg 2,42; 20,7) immer aufs Neue die Liebe und Hingabe Jesu vor Augen, wie es der Herr selbst es angeordnet hat:

Denn sooft ihr dieses Brot esst und diesen Kelch trinkt, verkündigt ihr den Tod des Herrn, bis er kommt (1Kor 11,26).

Wenn wir uns an den Herrn Jesus erinnern wollen, ist es sehr nützlich, ein so passendes Bild wie einen zerbrochenen Laib Brot und roten Wein dazu zu verwenden. So sehr hat er die Seinen geliebt, dass er sich völlig bis aufs Letzte für sie hingab – bis in den Tod!

Zweitens ist das Abendmahl ein Gemeinschaftsmahl, welches durch das gemeinsame Essen von *einem* Brot die gemeinsame Zugehörigkeit zum Leib Christi, zur Gemeinde, ausdrückt: »Denn *ein* Brot, *ein* Leib sind wir, die vielen, denn wir alle nehmen teil an dem *einen* Brot« (1Kor 10,17).

Diese beiden Seiten des Abendmahls sind von so gewaltiger Bedeutung, dass kaum jemand diese Wahrheiten begreifen kann, und doch sind sie wahr: Gottes eigener Sohn ließ sich ans Kreuz nageln, um dort stellvertretend für seine »Feinde« (Röm 5,8) das Gericht über die Sünde zu ertragen, und die somit Erlösten sind jetzt *tatsächliche* Glieder an seinem Leib und aufs innigste mit ihm und untereinander verbunden.

Was würde es nützen, Christus in den Bauch aufzunehmen? Auch für das Brot gelten Jesu Worte: »… es geht nicht in das Herz hinein, sondern in den Bauch, und geht heraus in den Abort« (Mk 7,19). Um Gemeinschaft mit Christus zu haben, müssen wir ihn aber in unser Herz aufnehmen, damit er dort »regiert«. Dies geschieht, indem wir sein Wort – das Evangelium – annehmen und aufnehmen und uns davon prägen und leiten lassen. Dann ist wirklich und wortwörtlich wahr: »Christus lebt in mir« (Gal 2,20), und wir werden ewige Gemeinschaft mit ihm haben.

In Johannes 6 spricht der Herr Jesus tatsächlich vom Es-

sen seines Fleisches und Trinken seines Blutes: »Wenn ihr
nicht das Fleisch des Sohnes des Menschen esst und sein
Blut trinkt, so habt ihr kein Leben in euch selbst« (Vers 53).
Hätte die katholische Kirche mit ihrer Deutung dieses Ver-
ses auf die Eucharistie hin Recht, dann könnte niemand
ewiges Leben haben, der nicht am Abendmahl teilgenom-
men hat. Diese Vorstellung ist absurd und steht im krassen
Gegensatz zu den vielen Aussagen der Bibel, die das ewige
Leben allein aus Glauben lehren. Liest man dieses Kapitel
im Johannesevangelium jedoch mit etwas Aufmerksam-
keit, wird aus dem Zusammenhang sehr gut deutlich, dass
Jesus diese Ausdrucksweise als anschauliches Bild für den
Glauben an ihn verwendet. Denn alles, was er für »sein
Fleisch essen und sein Blut trinken« verheißt, sagt er in
Vers 40 auch in Bezug auf den Glauben an ihn zu: »… dass
jeder, der den Sohn sieht und an ihn glaubt, ewiges Leben
habe; und ich werde ihn auferwecken am letzten Tag.« Der
Herr sagte in diesem Kapitel auch:

> Das Brot aber, das ich geben werde, ist mein Fleisch für
> das Leben der Welt (Joh 6,51).

Wo hat der Herr Jesus nun sein Fleisch – seinen Leib – für
das Leben der Welt gegeben? In der Messe? Nein, sondern
ein für allemal am Kreuz von Golgatha. Dort hat er mir
die wahre und unentbehrliche Nahrung zum ewigen Leben
gegeben, weil er sich dort auch für meine Sünden durch-
bohren ließ und ich nun seinen stellvertretenden Tod im
Glauben annehmen darf. Dies ist das Evangelium, die Botschaft Jesu durch den Heiligen Geist, der zu demjenigen
kommt, der dieses Evangelium annimmt. Deshalb schließt
der Herr Jesus seine Rede über seine Hingabe und unsere
Annahme seines Fleisches auch mit den Worten:

Der Geist ist es, der lebendig macht; das Fleisch nützt nichts. Die Worte, die ich zu euch geredet habe, sind Geist und sind Leben (Joh 6,63).

Die Lehre von der Verwandlung von Brot und Wein lenkt jedoch den Blick vom Herrn Jesus weg auf das sakramentale Geschehen hin, das sogar als Opferhandlung bezeichnet wird. Die Bibel sagt aber eindeutig, dass ein »unblutiges Opfer« wirkungslos ist:

Ohne Blutvergießen gibt es keine Vergebung (Hebr 9,22).

Ebenso eindeutig und eindringlich lehrt die Bibel, dass es nach dem vollbrachten Werk von Golgatha kein weiteres oder fortgesetztes Opfer gibt:

Christus aber ist … mit seinem eigenen Blut ein für allemal in das Heiligtum hineingegangen und hat uns eine ewige Erlösung erworben (Hebr 9,11-12).
… nicht, um sich selbst oftmals zu opfern … jetzt aber ist er einmal in der Vollendung der Zeitalter offenbar geworden, um durch sein Opfer die Sünde aufzuheben (Hebr 9,25-26).
In diesem Willen sind wir geheiligt durch das ein für allemal geschehene Opfer des Leibes Jesu Christi … Denn mit einem Opfer hat er die, die geheiligt werden, für immer vollkommen gemacht … Wo aber Vergebung dieser Sünden ist, gibt es kein Opfer für Sünde mehr (Hebr 10,10.14.18).

Vor dem Hintergrund dieser Bibelstellen erweckt die Lehre vom Messopfer den Eindruck, Jesu Opfer am Kreuz sei noch nicht vollbracht oder sei nicht ausreichend. Dadurch relativiert und schmälert die katholische Kirche das Werk Jesu Christi und tastet die Grundlage des christlichen Glaubens, das Erlösungswerk, auf erschreckende Weise an.

Wenn wir uns aber das unfassbare und vollbrachte Werk Jesu beim Abendmahl vergegenwärtigen und vor Augen führen, indem wir Brot und Wein als bedeutungsvolle Zeichen für seinen hingegebenen Leib und sein vergossenes Blut verwenden, wird sich das tief geistlich auf uns auswirken und unser Leben wird vom Kreuz Jesu Christi geprägt werden.

Leider ist dieses tiefe Verständnis vom Abendmahl weitgehend abhanden gekommen, doch insbesondere einige konfessionslose Gemeinden praktizieren das wöchentliche Abendmahl noch auf diese Weise. Solchen Zusammenkünften von Christen hat der Herr Jesus seine tatsächliche Gegenwart verheißen: »Wo zwei oder drei versammelt sind in meinem Namen, da bin ich in ihrer Mitte« (Mt 18,20). Dort wird dann nichts Stoffliches angebetet, sondern Gott auf geistliche Weise:

Denn Gott ist Geist, und die ihn anbeten, müssen in Geist und Wahrheit anbeten (Joh 4,24).

Heilige, Päpste und der Zölibat

Heiligen-, Reliquien- und Bilderverehrung

Die katholische Kirche befürwortet nicht nur die Verehrung Gottes, sondern auch die Verehrung frommer Menschen und sogar von deren bildlichen Darstellungen und sterblichen Überresten (Reliquien):

> Die Heiligen herrschen zusammen mit Christus, sie bringen ihre Gebete für die Menschen Gott dar. Es ist gut und nutzbringend, sie um Hilfe anzurufen und zu ihren Gebeten, zu ihrer Macht und Hilfe Zuflucht zu nehmen ...
>
> Auch die heiligen Leiber der heiligen Märtyrer und der anderen [Heiligen] ... sind von den Gläubigen zu verehren ... Zu verurteilen ist es deshalb, wenn Leute behaupten, man schulde den Reliquien keine Verehrung ...
>
> Ferner soll man Bilder Christi, der jungfräulichen Gottesmutter und der anderen Heiligen vor allem in Kirchen haben und beibehalten. Man soll ihnen die schuldige Ehrfurcht und Verehrung erweisen ...[83]

Um das biblische Verbot in den Zehn Geboten, Bilder zur Verehrung anzufertigen, zu umgehen, hat die katholische Kirche das 2. Gebot ausgelassen und zum Ausgleich das 9. in zwei unterteilt:

1. Du sollst keine anderen Götter neben mir haben!
2. Du sollst den Namen Gottes nicht verunehren!

---

[83] Konzil zu Trient, in: *Der Glaube der Kirche,* Nr. 474-476

3. Gedenke, dass du den Sabbat heiligst!
…
9. Du sollst nicht begehren deines Nächsten Frau!
10. Du sollst nicht begehren deines Nächsten Hab und Gut![84]

Was lehrt die Bibel?

Die Bibel kennt weder die Verehrung von Menschen, noch ein an Geschöpfe gerichtetes Gebet und verbietet eindeutig die Verehrung von Bildern und Gegenständen. Petrus, den die katholische Kirche als ersten Papst verehrt, wehrte sich heftig, als jemand ihn verehren wollte:

> Als es aber geschah, dass Petrus hereinkam, ging Kornelius ihm entgegen, fiel ihm zu Füßen und huldigte ihm. Petrus aber richtete ihn auf und sprach: Steh auf, auch ich bin ein Mensch (Apg 10,25-26).

Paulus und Barnabas zerrissen sich sogar vor Entsetzen die Kleider, als man sie verehren wollte (Apg 14,14). Auch ein Engel, den der Apostel Johannes verehren wollte, wehrte sich strikt gegen die Verehrung eines Geschöpfes:

> Und ich fiel zu seinen Füßen nieder, um anzubeten. Und er spricht zu mir: Siehe zu, tu es nicht! Ich bin dein Mitknecht und der deiner Brüder … Bete Gott an! (Offb 19,10).

Im Römerbrief bezeichnet Paulus jene, die »dem Geschöpf Verehrung und Dienst dargebracht haben statt dem Schöpfer« als »Narren« (Röm 1,22.25).

---

[84] »Gotteslob«, Nr. 61; vgl. *Katechismus der Kath. Kirche*, S. 528-529

Das Anfertigen und Verehren von Bildern, insbesondere von Gott und allem, was im Himmel ist, wird in den Zehn Geboten strengstens untersagt. Das 2. Gebot, welches die katholische Kirche den Gläubigen quasi vorenthält, lautet:

> Du sollst dir kein Götterbild machen, auch keinerlei Abbild dessen, was oben im Himmel oder was unten auf der Erde oder was in den Wassern unter der Erde ist. Du sollst dich vor ihnen nicht niederwerfen und ihnen nicht dienen. Denn ich, der HERR, dein Gott, bin ein eifersüchtiger Gott ... (2Mo 20,4-5).

Das dritte Gebot ist dann erst das Verbot der Lästerung (2Mo 20,7), das vierte das Sabbatgebot (Verse 8-12) usw., das zehnte Gebot ist das generelle Verbot von Begehren.

Wie kann sich die römische Kirche es überhaupt herausnehmen, eines der Zehn Gebote zu unterschlagen? Sie verschweigt eines der ersten Gebote Gottes und lehrt ihre Anhänger stattdessen Menschengebote zu halten. »Vergeblich aber verehren sie mich, indem sie als Lehren Menschengebote lehren«, sagt der Herr Jesus treffend in Markus 7,7-8; »ihr gebt das Gebot Gottes preis ...« Gerade die Verehrung von Götterbildern zählte zu den häufigsten und schlimmsten Sünden des Volkes Israel. Die Bücher der Propheten Jesaja, Jeremia, Hesekiel und anderer sind voll von Aufrufen zur Abkehr von diesem Götzendienst. Hier nur ein Beispiel:

> Dumm steht da jeder Mensch, ohne Erkenntnis, beschämt jeder Goldschmied wegen des Götterbildes. Denn Lüge sind seine gegossenen Bilder, Leben haben sie nicht, Nichtigkeit sind sie, ein Werk zum Gespött. Zur Zeit der Heimsuchung sind sie verloren (Jer 10,14-15).

Auch Gegenstände, die Gott einmal auf symbolhafte Weise mit seinem Wunderwirken in Verbindung gebracht hat,
können zu Götzen werden, wenn sie nach Erfüllung ihrer
Aufgabe zweckentfremdet werden. Das sehen wir an der
bronzenen Schlange, die Mose auf der Wüstenreise Israels angefertigt hatte, weil Gott dies zwecks Rettung vor
Schlangenbissen angeordnet hatte (4Mo 21,9). Jahrhunderte später lesen wir dann, dass Hiskia, seinerzeit König
von Juda, »die eherne Schlange, die Mose gemacht hatte,
in Stücke« schlug, als er mit dem Götzendienst in Israel
aufräumte (2Kö 18,4). Der einst von Gott benutzte symbo-
lische Gegenstand (vgl. Joh 3,14) war zu einer »Reliquie«
zweckentfremdet worden und war Gegenstand kultischer
Verehrung geworden. Das sollte uns eine Warnung sein vor
der Verehrung jeglicher Gegenstände.

Außerdem sind der Bibel nach alle Christen »Heilige«.
Paulus spricht die Gläubigen, an die er seine Briefe richtet,
häufig mit »Heilige« an (z.B. Röm 1,7; 1Kor 1,2; 2Kor 1,1;
Eph 1,2), und übermittelt Grüße an und von allen »Heiligen« (Röm 16,15; 2Kor 13,13; Phil 4,21-22). »Heilige«
ist eine der häufigsten Bezeichnungen für die Gläubigen
im Neuen Testament und kommt sogar wesentlich häufi-
ger vor als die Bezeichnung »Christen« oder »Gläubige«.
Das mag vielleicht befremdend oder gar anmaßend erscheinen, wenn man gewöhnlich »Heilige« ausschließlich
als herausragende Persönlichkeiten ansieht, die vom Papst
»heiliggesprochen« worden sind. Doch es ist eine wunderbare biblische Tatsache, dass jeder wahrhaft gläubige und
wiedergeborene Mensch aufgrund seiner neuen Schöpfung
in Christus ein Heiliger ist, »geheiligt ... durch den Namen
des Herrn Jesus Christus und durch den Geist unseres Gottes« (1Kor 6,11).

Priester und der Zölibat

Dass in der katholischen Kirche zwischen einer Laien- und einer Priesterklasse unterschieden wird, ist hinlänglich bekannt und braucht hier nicht weiter dokumentiert zu werden. Ebenso allgemein bekannt ist, dass die Priester zur Ehelosigkeit, dem Zölibat, verpflichtet sind.

Trotz öffentlichen Widerstands hält auch Papst Benedikt XVI. am Zölibat fest. Im März 2010 sagte auf einer Konferenz zum Priesteramt im Vatikan, »die Ehelosigkeit der Priester sei ein Geschenk Gottes, das nicht dem Zeitgeist geopfert werden sollte«.[85]

Was lehrt die Bibel?

In der Bibel ist ein Priester jemand, der vor Gott Opfer darbringt und eine Vermittlerrolle zwischen Gott und anderen Menschen einnimmt. Das einer besonderen Menschengruppe vorbehaltene Priestertum wurde ausschließlich im Alten Testament praktiziert; hier waren es die Nachkommen Aarons aus dem israelitischen Stamm der Leviten, dem diese Aufgabe anvertraut war. Das Neue Testament lehrt eindeutig, dass alle Gläubigen ohne Einschränkung ein geheiligtes Priestertum sind:

> Lasst euch selbst als lebendige Steine aufbauen, als ein geistliches Haus, ein heiliges Priestertum, um geistliche Schlachtopfer darzubringen ... (1Petr 2,5).
>
> [Christus hat uns gemacht] zu einem Königtum, zu Priestern seinem Gott und Vater ... (Offb 1,6).

Die Bezeichnung »Geistliche«, mit der in der katholischen

---

[85] Nachrichtendienst Reuters, http://de.reuters.com/article/domestic News/idDEBEE62C01720100313

Kirche alle Nichtlaien benannt werden, kommt im Neuen Testament zwar vor, allerdings nicht in Gegenüberstellung mit »Laien«, sondern mit den »Fleischlichen« (1Kor 3,1; Gal 6,1). Es gibt fleischliche Christen, die geistlich schwach und unreif sind, doch sollten eigentlich alle Christen »geistlich« sein, d. h. erfüllt vom Heiligen Geist und geprägt von der Nachfolge Jesu.

Die Rolle des alttestamentlichen Hohenpriesters ist in Christus erfüllt. Er brachte Gott ein vollkommenes und das einzig mögliche Opfer für Sünde dar, »denn dies hat er getan, als er sich selbst dargebracht hat« (Hebr 7,27). Er ist auch unser einziger und vollkommener Mittler zu Gott. Unsere Aufgabe als Christen ist es nun, »Opfer des Lobes« (Hebr 13,15) und andere geistliche Opfer (siehe z. B. Röm 12,1; Phil 4,18; Jak 1,27) darzubringen und durch die Verkündigung des Evangeliums Menschen zu Gott zu führen.

Nirgends im Neuen Testament lesen wir von einer Unterscheidung zwischen Laien- und Priestertum oder irgendeiner Hierarchie von Gläubigen. Die Unterschiede zwischen den Gläubigen bestehen in ihren verschiedenen Gaben und Aufgaben (siehe Röm 12; 1Kor 12). In der Gemeinde gibt es als besondere Aufgaben die Ältesten (griechisch *presbyteros*, daher stammt das deutsche Wort »Priester«). Die Ältesten werden auch »Aufseher« genannt (Tit 1,6-7; *episkopos*, daher der Ausdruck »Bischof«). Von Ältesten bzw. Aufsehern gab es in den Gemeinden jeweils mehrere. Darüber hinaus gab es die »Diener« (»Diakone«, z. B. 1Tim 3,8).

Ehelosigkeit (Zölibat)

Der Zölibat widerspricht eindeutig der Bibel, denn:

> Der Aufseher nun sei … *Mann einer Frau* … Die Diener seien jeweils *Mann einer Frau* … (1Tim 3,2.12).

> ... damit du in jeder Stadt Älteste einsetzen soll-
> test ... wenn jemand untadelig ist, *Mann einer Frau* ...
> (Tit 1,5-6).
> Der Geist aber sagt ausdrücklich, dass in späteren
> Zeiten manche vom Glauben abfallen werden, indem
> sie auf betrügerische Geister und Lehren von Dämonen
> achten ... die *verbieten, zu heiraten* ... (1Tim 4,1-3).

Auch Petrus und die anderen Apostel waren verheiratet
(Mt 8,14; 1Kor 9,5). Christus, der während seines irdischen
Dienstes ein eheloses Leben geführt hat, wird von Katholiken bisweilen als bestes Beispiel für gelebten Zölibat
herangezogen, doch erstaunlicherweise liefert gerade er in
der Beziehung zu seiner Braut, der Gemeinde, das »beste
Beispiel« für die Liebe zwischen Mann und Frau:

> Ihr Männer, liebt eure Frauen, wie auch der Christus
> die Gemeinde geliebt und sich selbst für sie hingegeben
> hat ...
> ... die zwei werden ein Fleisch sein. Dieses Ge-
> heimnis ist groß, ich aber deute es auf Christus und die
> Gemeinde (Eph 5,25.31-32).

Im Zusammenhang mit dem Missbrauchsskandals in der
röm.-kath. Kirche von 2010 wurde das Zölibat auch innerhalb der katholischen Kirche wieder vermehrt in Frage
gestellt. Dass der Papst in diesem Zusammenhang das Zölibat als »ein Geschenk Gottes« verteidigte, »das nicht dem
Zeitgeist geopfert werden sollte« (s.o.), ist eine schlimme
Verdrehung der biblischen Sicht. Erstens ist nicht die Ehelosigkeit, sondern im Gegenteil die Ehe ein Geschenk Gottes (und was für ein wunderbares!). Stellen wir uns nur vor,
als Adam sich im Garten Eden einsam fühlte, hätte Gott zu

ihm gesagt: »Nun, lassen wir es dabei – die Ehelosigkeit ist ein Geschenk von mir für dich«, statt ihm Eva zu geben. Die höchste Autorität des Katholizismus verachtet dieses Gabe Gottes, indem der Papst im Zusammenhang mit perversesten Sexualsünden seiner Priesterschaft das Gegenteil behauptet. Zweitens ist das Gutheißen der verbindlichen, von Gott ausgedachten Ehebeziehung kein Opfer an den Zeitgeist, sondern auch hier ist das völlige Gegenteil der Fall: Dem Zeitgeist entsprechen unverbindliche, pervertierte und triebgesteuerte Beziehungen und Praktiken – die eben im aktuellen Missbrauchsskandal auch in der römischen Kirche ans Licht kommen. Drittens: Die Kirche verteidigt das Eheverbot und streitet einen Zusammenhang mit den Missbrauchsfällen vehement ab. Doch die Bibel stellt diesen Zusammenhang sehr wohl her: »Um der Unzucht willen habe jeder seine eigene Frau und jede ihren eigenen Mann« (1Kor 7,2). Kann es sein, dass diese Lehre und Praxis der Kirche Hurerei und Unzucht fördert? Die Offenbarung beschreibt jedenfalls ein großes religiöses System, dessen Hauptstadt wie Rom auf sieben Bergen liegt, als »Babylon« als »Mutter der Huren« (Offb 17,5.9).

Dass viele Katholiken einsehen, wie unbiblisch das Zölibat ist, ist erfreulich. Mögen auch noch viele Katholiken anhand der Bibel einsehen, wie falsch auch die römisch-katholische Lehre bezüglich des ewigen Seelenheils ist! Hier ist es noch weit wichtiger, im Einklang mit der Bibel zu glauben.

Der Papst

Von den vielen Lehraussagen der römischen Kirche über ihren Papst wollen wir hier nur einige wenige herausgreifen und mit der Bibel vergleichen.

Wir bestimmen, dass der Heilige Apostolische Stuhl und der römische Bischof den Vorrang über den ganzen Erdkreis innehat, weiter, dass dieser römische Bischof Nachfolger des heiligen Petrus, des Apostelfürsten, wahrer Stellvertreter Christi, Haupt der gesamten Kirche und Vater und Lehrer aller Christen ist ...[86]

Dieser Unfehlbarkeit ... erfreut sich der Römische Bischof, das Haupt des Kollegiums der Bischöfe, kraft seines Amtes, wenn er als oberster Hirt und Lehrer aller Christgläubigen, der seine Brüder im Glauben stärkt, eine Lehre über den Glauben oder die Sitten in einem endgültigen Akt verkündet ...[87]

Was lehrt die Bibel?

Das Wort »Papst« kommt von dem lateinischen *papa* und bedeutet »Vater«, wie der römische Bischof sich ja auch offiziell »Heiliger Vater« und »Vater und Lehrer aller Christen« (s.o.) nennen lässt. Die Aufforderung des Herrn Jesus ist jedoch eindeutig:

Ihr aber, lasst ihr euch nicht Rabbi [d.h. Lehrer] nennen! Denn einer ist euer Lehrer, ihr alle aber seid Brüder. Ihr sollt auch nicht jemanden auf der Erde euren Vater nennen, denn einer ist euer Vater, nämlich der im Himmel (Mt 23,8-9).

Dies sagt Jesus bezeichnenderweise gerade im Zusammenhang mit seiner Kritik an den religiösen Autoritäten.

Von Petrus, dem angeblichen Vorläufer der heutigen Päpste, sind uns in der Bibel zwei Briefe überliefert, aber er

---

[86] Konzil zu Florenz; in: *Der Glaube der Kirche*, Nr. 434 (unfehlbar)
[87] *Katechismus der Katholischen Kirche*, Nr. 891

beansprucht darin weder Unfehlbarkeit noch absolute Autorität, noch irgendwelche hochtrabenden Titel. Vielmehr bezeichnet er sich als »Mitältester« und fordert die übrigen Ältesten auf:

> Hütet die Herde Gottes, die bei euch ist ... nicht als die, die über ihren Bereich herrschen, sondern indem ihr Vorbilder der Herde werdet! Und wenn der Oberhirte offenbar geworden ist, so werdet ihr den unverwelklichen Siegeskranz der Herrlichkeit empfangen (1Petr 5,1-4).

Der »Oberhirte« ist eindeutig der Herr Jesus selbst und nicht der Bischof von Rom. Petrus schreibt auch nichts von einem etwaigen Nachfolger oder einer Autoritätshierarchie.

Unter den Jüngern selbst war offensichtlich nicht klar, ob jemand von ihnen eine herausragende Stellung einnahm. Noch beim Letzten Abendmahl streiten sie sich, »wer von ihnen für den Größten zu halten sei« (Lk 22,24). Der Herr weist sie zurecht und stellt wahre christliche Größe heraus:

> Die Könige der Nationen herrschen über sie, und die Gewalt über sie üben, lassen sich Wohltäter nennen. Ihr aber nicht so! Sondern der Größte unter euch sei wie der Jüngste und der Führende wie der Dienende (Lk 22,25-26).

Die Bibel kennt ferner nur ein einziges Haupt der Kirche, und das ist Jesus Christus:

> ... wie auch der Christus das Haupt der Gemeinde ist ... (Eph 5,23). Und er ist das Haupt des Leibes, der Gemeinde ... (Kol 1,18)

Stellvertreter Christi auf Erden ist hingegen der Heilige Geist, der die Bibel inspiriert hat und der in jedem Gläubigen wohnt. Er ist »der andere Beistand«, den der Herr Jesus gesandt hat, um seine Jünger »nicht verwaist zurückzulassen« (Joh 14,16-18).

Wir sehen also, dass der Papst auf die Stufe aller drei Personen Gottes erhoben wird – Vater (als Vater aller Christen), Sohn (als Haupt der Kirche) und Heiliger Geist (als Stellvertreter Christi) – was durch seinen Anspruch der Unfehlbarkeit zu einem vermessenen Höhepunkt gelangt.

Petrus hatte zwar den Vorzug, als erster sowohl den Juden als auch den Heiden das Evangelium verkünden zu dürfen (Apg 2 und 10) und somit der gesamten Menschheit das »Himmelreich aufzuschließen«, doch sein Name (*petrus* bedeutet »Stein«) ist im griechischen Originaltext nicht das gleiche Wort wie der Felsen (griechisch *petra*), auf dem Christus seine Gemeinde baute (Mt 16,18). Dieser Felsen ist vielmehr Christus selbst bzw. der felsenfeste Glaube an ihn aufgrund des Wortes Gottes, der göttlichen Offenbarung, die auch Petrus zuteil geworden war (Mt 16,17).

Denn einen anderen Grund kann niemand legen, außer dem, der gelegt ist, welcher ist Jesus Christus (1Kor 3,11).

Petrus hätte auch sein sehr unstabiles »Felsenfundament« abgegeben. Denn nur wenige Verse nachdem der Herr ihm den Namen Petrus und die »Schlüssel des Himmelsreiches« verliehen hatte (Mt 16,18), zeigte Petrus seine fehlerhafte menschliche Seite und wird vom Herrn getadelt: »Geh hinter mich, Satan! Du bist mir ein Ärgernis, denn du sinnst nicht auf das, was Gottes, sondern auf das, was der Menschen ist« (Vers 23).

Auch von Paulus wurde Petrus in einer Lehrsache öffentlich zurechtgewiesen (Gal 2,11) – er war keineswegs ein »unfehlbarer Papst«! Er selbst hingegen bestätigt ein autoritatives Lehramt von Paulus, dem Apostel:

> Und seht in der Langmut unseres Herrn die Rettung, wie auch unser geliebter Bruder Paulus nach der ihm gegebenen Weisheit euch geschrieben hat (2Petr 3,15).

Gebetspraxis

Die Gebetspraxis der Katholiken leitet sich weniger von einer lehrmäßigen Vorgabe ab, als vielmehr von Liturgie und Brauchtum der Kirche. Das Gebet von Katholiken beschränkt sich dabei zumeist auf das Aufsagen vorgegebener Texte zwischen dem Schlagen zweier Kreuzzeichen.

Eine besondere Rolle unter den katholischen Gebeten spielt das Rosenkranzgebet. Zahlreiche Päpste haben speziell zur Empfehlung des Rosenkranzgebets Rundschreiben veröffentlicht,[88] und besonders Papst Johannes Paul II. hielt dazu an, den Rosenkranz »für den Frieden der Welt« zu beten.

Gebetsschnüre wie den Rosenkranz und aufzusagende Litaneien gibt es in vielen Religionen, doch die Bibel lehrt nirgends das Beten in Form von bloßem Nachsprechen vorgefertigter Texte. Der Herr Jesus warnt vielmehr:

> Wenn ihr aber betet, sollt ihr nicht plappern wie die von den Nationen, denn sie meinen, dass sie um ihres vie-

---

[88] Z.B. Leo XIII.: *Octobri mense, Jucunda semper, Laetitiae sanctae, Fidentem piumque* und *Magnae Dei Matris*

len Redens willen erhört werden. Seid ihnen nun nicht gleich! (Mt 6,7-8).

In der Bibel sind Gebete in der Regel frei formuliertes, aufrichtiges Reden zu Gott. Stellen wir uns vor, ein Kind käme mit einem Anliegen zu seinem Vater und würde ihm nicht schlicht und einfach von Herzen heraus seine Bitte oder auch Bewunderung vortragen, sondern nur eine Litanei aufsagen! Das ist nicht der Umgang, den Gott als Vater mit seinen Kindern möchte. Auch den Symbolismus des Schlagens eines Kreuzzeichens finden wir in der Bibel nicht.

Gebete sind ausschließlich an Gott, den Vater (z. B. Eph 3,14), oder an den Herrn Jesus (z. B. 1Kor 1,2) zu richten; der Heilige Geist ist zwar eine Person Gottes, doch gibt es kein biblisches Beispiel für ein an ihn gerichtetes Gebet. Gebete zu Maria oder anderen verstorbenen Heiligen kommen nicht nur in der Bibel nicht vor, sondern das Anrufen von Toten ist strengstens untersagt:

Ihr sollt euch nicht zu den Totengeistern und zu den Wahrsagern wenden ... (3Mo 19,31).

Und wenn sie zu euch sagen: Befragt die Totengeister und die Wahrsagegeister, die da flüstern und murmeln!, so antwortet: Soll nicht ein Volk seinen Gott befragen? Soll es etwa für die Lebenden die Toten befragen? (Jes 8,19).

»... dass euch niemand verführe!«

Wir haben nun eine Fülle von römisch-katholischen Lehren untersucht, die eindeutig der Bibel widersprechen und die dabei keineswegs nebensächlich oder dem eigenen Gutdünken unterworfen sind. Es handelt sich um Lehren, Bräuche und Glaubensinhalte, die unser persönliches Verhältnis zu Gott bestimmen.

Bei vielen Religionen und Sekten gilt schon das bloße Hinterfragen ihrer Lehre als Sünde und Gotteslästerung; so z. B. beim Islam oder den Zeugen Jehovas. Doch ein religiöses System, das nicht hinterfragt werden darf, ist dadurch nicht automatisch richtig. Es zeigt, dass es eine Prüfung als gefährlich scheut und macht sich somit unglaubwürdig. Für den christlichen Glauben gilt das nicht. Gott möchte, dass nicht mit abgeschaltetem Verstand geglaubt, sondern »alles geprüft« wird (1Thes 5,21). Ein Christ hat nicht nur das Recht dazu, sondern sogar die Pflicht. Der Bibel nennt uns dafür gute Gründe:

Seht zu, dass euch niemand verführe! (Mt 24,4)

Brüder, seid nicht Kinder am Verstand, sondern an der Bosheit seid Unmündige, am Verstand aber seid Erwachsene! (1Kor 14,20)

Geliebte, glaubt nicht jedem Geist, sondern prüft die Geister, ob sie aus Gott sind! (1Jo 4,1)

Die Wahrheit Gottes wird jeder noch so gründlichen Prüfung standhalten, und die Grundlage und der Maßstab einer solchen Prüfung ist sein Wort, die Bibel. Wie einst die Christen in der griechischen Stadt Beröa haben wir in diesem Buch »die Bibel untersucht, ob es sich wirklich so verhält« (Apg 17,11) – und zwar hinsichtlich der römisch-katholischen Lehren. Die Christen in Ephesus prüften ebenfalls auf diese Weise, doch im Gegensatz zu den Beröern mussten sie feststellen, dass sie an falsche Apostel geraten waren. Wie ihr Ergebnis, so lautet auch das unsrige:

> ... du hast die geprüft, die sich Apostel nennen und es nicht sind, und hast sie als Lügner befunden (Offb 2,2).

Diese Worte wollen wir nicht auf andere Menschen anwenden, sondern auf das römisch-katholische Lehrsystem. Wenn die Bibel wahr und wirklich Gottes verbindliche Offenbarung an die Menschen ist, dann kann der Katholizismus gegen dieses Wort Gottes nicht standhalten. Dann ist es leider Tatsache, dass viele treue Anhänger dieser Kirche betrogen worden sind, betrogen von einem römischen »Wolf im Schafspelz«. Doch das ist gar nicht erstaunlich, denn es ist »kein Wunder, denn der Satan selbst nimmt die Gestalt eines Engels des Lichts an« (2Kor 11,14).

Doch das Gebot der Stunde ist nicht, sich über eine kirchliche Institution oder über andere Menschen zu entrüsten; was Not tut, ist eine Überprüfung des eigenen Glaubens am Wort Gottes und der Wunsch nach einer von Jesus Christus geschenkten, immer tiefer werden persönlichen Beziehung zu Gott.

Ich selbst war die ersten 24 Jahre meines Lebens Katholik, zunächst sogar recht fromm. Aber als junger Erwachsener dachte ich, ich hätte bisher als Messdiener, Marienverehrer, Mitglied der Fokolarbewegung etc. erstmal genug für Gott getan und könne nun seine Gnade ausnutzen und das Leben genießen. Dann wurde ich von einem Studienkollegen mit der Aussage konfrontiert, dass die Lehre der römischen Kirche im Widerspruch zur Bibel stehe. Das fand ich so interessant, dass ich gleich (und erstmals) begann, das Neue Testament zu lesen. Und zwar nahm ich es so beim Wort, wie es dem normalen Textsinn entsprach und ohne den Bibeltext so akrobatisch zu deuten, dass er dem eigenen Belieben entspricht. Meine Hoffnung dabei war erstens festzustellen, dass die Kirche tatsächlich falsch liegt und zweitens, dass die Bibel lockerere Moralmaßstäbe lehrt als die Kirche.

Es kam anders. Zwar fand ich etliche Widersprüche zwischen Bibel und Kirche, doch noch bedeutender war: Ich fand viele Widersprüche zwischen der Bibel und *meinem Leben!* Ich selbst war es, der der Bibel widersprach. Eigentlich lebte ich, der ich mich für einen Christen hielt, wie ein praktizierender Atheist. Der Maßstab der Bibel für ein Gott gefälliges Leben war nicht lockerer als die kirchlichen Gebote, sondern noch kompromissloser! Wenn wirklich stimmt, was Jesus gesagt hat und was in der Bibel steht, dann hatte ich ein Problem mit Gott!

Als ich beim Lesen des Matthäusevangeliums zu der Stelle kam, wo Jesus sagt: »Wer sein Leben findet, wird es verlieren, und wer sein Leben verliert um meinetwillen, wird es finden« (Mt 10,39), war mir klar: Das ganze moderne Gerede von Selbstverwirklichung, Selbstliebe usw. ist gefährlicher Unsinn, Jesus lebte und lehrte nicht Selbstverwirklichung, sondern Selbstverleugnung.

Und ich verstand: Meine einzige Chance, mit Gott ins Reine zu kommen, ist an Jesus zu glauben, also ihm nachzufolgen. Das hieß, von meinem sündigen Weg umzukehren und zu erkennen, dass Sünde so schlimm ist, dass er dafür am Kreuz sterben musste. Meine einzige Chance ist, dass er mich am Kreuz mit seinem Blut erlöst und somit als sein Eigentum erkauft hat. Wer zu diesen Erlösten und Erkauften Jesu Christi gehört, kann wie Paulus sagen:

> Nicht mehr lebe ich, sondern Christus lebt in mir; was ich aber jetzt im Fleisch lebe, lebe ich im Glauben an den Sohn Gottes, der mich geliebt und sich selbst für mich hingegeben hat (Gal 2,20).

An das Kreuz Jesu zu glauben, gilt in der Welt als große Dummheit (1Kor 1,18). Lassen Sie sich dadurch nicht beirren und verführen. Lassen Sie sich weder durch die von Menschen aufgestellten Lehren der römischen Kirche verführen, noch von Ihrem eigenen Wunsch nach Selbstverwirklichung. Denken Sie um – tun Sie Buße – und glauben Sie an das reine Evangelium Jesu Christi!

Anhang

Eine Hilfe für Verunsicherte – bin ich wiedergeboren?
Auch wenn in diesem Buch aufgezeigt wurde, wie falsch das »Evangelium« der römisch-katholischen Kirche ist, kann ich nicht ausschließen, dass es Katholiken gibt, die bereits an das biblische Evangelium glauben und errettet sind. Das ist jedoch eher unwahrscheinlich. Z. B. führte ein Evangelist im katholischen Spanien Umfragen durch und fragte die Katholiken, ob sie erklären können, wie man in den Himmel kommt. Kein einziger gab die von der Bibel her einzig richtige Antwort: »Durch den Glauben allein an Jesus«, sondern alle verwiesen auf gute Werke, Sakramente, Heilige, treue Kirchenmitgliedschaft usw.

Viele Katholiken sind vorbildlich fromm und gottesfürchtig, und deshalb ist es für sie umso schwieriger einzusehen, dass sie von Natur aus verlorene Sünder sind. Aber mit hoher Wahrscheinlichkeit lebt ein beträchtlicher Teil der Leser dieses Buches auf die Hölle zu. Deshalb ist es unbedingt nötig, dass der Leser ein ganz persönliches Fazit aus den in diesem Buch aufgezeigten biblischen Wahrheiten zieht. Dazu soll dieses Kapitel helfen.

Wir haben in Kapitel 2 und 3 von der Bibel her aufgezeigt, dass niemand von Natur aus ein Kind Gottes und somit für die Ewigkeit errettet ist, sondern dass eine Wiedergeburt nötig ist. Wir haben auch gesehen, dass diese Wiedergeburt vom persönlichen Glauben an Jesus Christus abhängt, allein der Gnade Gottes zu verdanken ist und mit einer Bekehrung einhergeht. Wer ist nun wiedergeboren, und wie kann ich wissen, ob ich wiedergeboren bin?

Ein junger Katholik, den ich einmal im Gespräch auf die Notwendigkeit von Bekehrung und Wiedergeburt hinwies, entgegnete mir: »Ich brauche mich nicht zu bekehren; ich glaube doch schon an Jesus Christus.« Diese Antwort ist zum Teil eine gute und richtige Antwort, denn er sagte ja nicht, »ich gehe doch regelmäßig zur Kirche«, »ich bin doch gar nicht so böse« oder »Maria hilft mir, in den Himmel zu kommen«. Er hatte bereits den entscheidenden Punkt erfasst: Allein der Glaube an Jesus Christus rettet für die Ewigkeit.

Im 1. Johannesbrief lesen wir: »Jeder, der glaubt, dass Jesus der Christus ist, ist aus Gott geboren« (Kap. 5,1). Wir wollen die beiden wichtigsten Ausdrücke dieses Satzes unter die Lupe nehmen: 1. glauben, und 2. Jesus, der Christus.

1. Das bloße Bekenntnis zu einer Glaubensformel bewirkt nicht die Wiedergeburt. Der Glaube, den die Bibel meint, ist nicht ein theoretischer Glaube im Kopf, sondern der Glaube des Herzens, der sich im Leben praktisch auswirkt. Glaube ist das Gegenteil von Zweifel, »eine Verwirklichung dessen, was man hofft, ein Überführtsein von Dingen, die man nicht sieht« (Hebr 11,1).

Ein Artist spannte einmal ein Seil über die Niagarafälle, und viele Menschen kamen, um sein spektakuläres Hinübergehen zu beobachten. Nachdem der Artist sicheren Fußes nicht nur einige Male von einer Seite zur anderen gelaufen war, sondern die Strecke auch noch mit einer Schubkarre voll schwerer Steine zurückgelegt hatte, frage er einen der Zuschauer: »Glauben Sie, dass ich auch einen Menschen in der Schubkarre sicher auf die andere Seite befördern könnte?« Der Mann antwortete: »Ja, dass glaube ich schon«, woraufhin er vom Artist aufgefordert wurde, seinen »Glauben« zu bestätigen und in die Karre zu steigen. Aber der Zuschauer wollte doch lieber Zuschauer bleiben und machte ängstlich einen Rückzieher. Er glaubte nicht, sondern er zweifelte.

In den Händen Jesu sind wir unvergleichlich viel sicherer als in den Händen eines waghalsigen Artisten. Christi Rettungswerk von Golgatha ist keine wackelige Angelegenheit, sondern hat den felsenfesten Grund des Wortes Gottes. Glauben Sie an ihn allein? Oder ziehen Sie doch einen anderen Weg vor, Seelenfrieden zu erlangen, als den Weg des Kreuzes? Haben Sie Ihre Seele seinen Händen anvertraut? Oder brauchen Sie noch weitere »Sicherheiten« wie z. B. Maria, Ihre »guten Werke« etc.? Solche Zusätze würden einen Zweifel daran ausdrücken, dass Jesus allein völlig zum Heil ausreicht.

2. Jesus ist der Christus. Jesus, das ist der Mensch, der erniedrigte Sohn Gottes »in Gleichgestalt des Fleisches der Sünde«, und in diesem seinem Fleisch ist die Sünde am Kreuz verurteilt und gerichtet worden (Röm 8,3). Christus, das ist der Messias, der König und Befreier, den die religiösen Juden in seiner Herrlichkeit erwarteten. Jesus *ist* der Christus; und so hing mit ihm die ganze Hoffnung Israels und die Hoffnung jedes natürlich-religiösen Menschen zerschlagen am Kreuz. Der Christ, der an ihn glaubt, hat somit sein eigenes Fleisch mit ihm gekreuzigt (Gal 5,24), d. h. seine alte, sündige Natur verurteilt, und hält sich für »der Sünde gestorben« (Röm 6,11). Dabei hat er keine eigene Gerechtigkeit oder Selbstgerechtigkeit mehr, »die aus dem Gesetz ist, sondern die durch den Glauben an Christus« (Phil 3,9).

Das Werk, das Gott durch die Erlösungstat Jesu an den Menschen tut, ist wunderbar und schier unbegreiflich, aber dennoch ist der Glaube an Jesus kein komplizierter Glaube, sondern ein kindliches Vertrauen. Es erfüllt das Herz des Gläubigen, wenn er im Lauf seines Lebens immer mehr begreift, was Gott durch den Herrn Jesus Großartiges getan hat. Aber zur Wiedergeburt ist nicht das vollständige Begreifen jedes Details des Heilswerkes notwendig.

Als Nikodemus Jesus die alles entscheidende Frage zur Wiedergeburt stellte, »wie kann dies geschehen?« (Joh 3,9), antwortete Jesus: »Wie Mose in der Wüste die Schlange erhöhte, so muss der Sohn des Menschen erhöht werden, damit jeder, der an ihn glaubt, ewiges Leben habe« (Vers 14). Auf der Wüstenreise des Volkes Israel war das Volk von Schlangenbissen geplagt worden. Mose hatte auf Anweisung Gottes eine bronzene Schlange angefertigt, und jeder todgeweihte Gebissene, der zu ihr aufsah, wurde vom Schlangengift und vom Tod gerettet (4. Mo 21,6-9). Diese bronzene Schlange war ein Bild für den Herrn Jesus am Kreuz. Jeder, der darum weiß, dass er durch den »Schlangenbiss der Sünde« todgeweiht ist, aber glaubend zu seinem Retter Jesus Christus aufschaut, wird errettet werden. Das ist unsere einzige, aber absolut sichere Chance, neues, ewiges Leben zu bekommen. Ich kann nicht auf meine eigenen Werke oder meine Eigenschaften verweisen; ich kann nur darauf vertrauen, dass Christus alles zu meiner Vergebung, Rettung und Heiligung getan hat. Ich darf ihn als meinen persönlichen Herrn und Retter anerkennen und mich in Demut ihm unterwerfen.

Niemand kann von außen feststellen, ob ein Mensch wirklich wiedergeboren ist. Nur Gott kennt die Herzen und weiß, wer zu ihm gehört. Andere Menschen sollten aufgrund eines veränderten, gottgeprägten Lebens, das die Früchte des Geistes (Gal 5,22-23) hervorbringt, erkennen, dass durch das Gläubigwerden eine entscheidende Veränderung stattgefunden hat. Ein Christ selbst kann in dieser Frage jedoch nicht auf seine eigenen Werke vertrauen, sondern nur auf die feste Zusage des Wortes Gottes. Man sollte natürlich schon wissen, ob man wirklich gläubig und somit wiedergeboren ist oder nicht. Dabei ist nicht entscheidend, dass man um den genauen Zeitpunkt der

Wiedergeburt weiß, auch nicht ein »Gefühl wie neu geboren« oder irgendwelche erfahrbaren Phänomene. Wenn ich
wiedergeboren bin, dann weiß ich, weil die Bibel es dem
Glaubenden verheißt, dass meine Sündenschuld bezahlt ist,
weil Jesus Christus dafür am Kreuz sein Blut vergossen hat.
Wer wirklich an den Herrn Jesus und sein Erlösungswerk
glaubt, wird reumütig von seinen Sünden umkehren – auch
von »frommen« Sünden wie dem Vertrauen auf eigene
Werke, Verehrung von Geschöpfen und Gegenständen,
was Götzendienst ist, usw. Falsche Religiosität war eine
Hauptsünde zur Zeit Jesu. Das wird insbesondere an den
Pharisäern deutlich. Auch Paulus war vor seiner Bekehrung
ein frommer Pharisäer, aber nachdem er zum Glauben an
Christus kam, bezeichnete er seine frühere Religiosität
als »Verlust« und »Dreck« (Phil 3,7-8). Stattdessen wusste
Paulus nun, dass seine Gerechtigkeit *allein* in Christus ist.
Von ihm allein wusste er sich abhängig; nach ihm strebte
und ihn liebte er (Phil 3,7-14).

Das war das Problem des oben erwähnten jungen Katholiken. Er meint, sich nicht bekehren zu müssen, weil
er an Jesus »glaubt«, aber dieser Glaube war bei ihm nicht
echt: Statt auf Christus allein zu vertrauen, hoffte er weiterhin auf seine »guten Werke«, seinen »guten Charakter«,
auf unbiblische Sakramente etc. Wer aber meint, Christus
allein reicht nicht aus, glaubt nicht wirklich an ihn, sondern
zweifelt an Jesu Tauglichkeit als Retter.

Ein Beispiel: Im Hinduismus gibt es sehr viele Götter,
und für Hindus ist es kein Problem, einen weiteren Gott
in ihren Glauben aufzunehmen. Sie glauben an Shiva, an
Brahma, an Vishnu und viele andere Götter. Wenn ein
Hindu von Jesus hört und ihn *oberflächlich* annimmt, dann
wird Jesus in seiner Vorstellung einfach ein weiterer von
vielen Göttern. Er »glaubt« dann »auch« an Jesus – neben

vielen anderen Göttern. Aber das erste Gebot Gottes besagt ja gerade, »du sollst keine anderen Götter neben mir haben.« Niemand und nichts anderes kann erretten oder etwas zur Errettung beitragen als Gott allein, in der Person Jesus Christus. Wenn ein Hindu *wirklich* gläubiger Christ wird, dann wird er alle seiner Göttergötzen verwerfen und *allein* an Jesus glauben. Dieses Prinzip, das wir am Hinduismus verdeutlicht haben, lässt sich auch leicht auf den Katholizismus und auf alle anderen Weltanschauungen anwenden.

Denen, die an ihn glauben, gibt der Herr Jesus absolute Sicherheit: »Meine Schafe ... gehen nicht verloren in Ewigkeit« (Joh 10,27-28). Wer sind seine »Schafe«? Jesus beschreibt sie: Sie »hören meine Stimme, und ich kenne sie, und sie folgen mir« (Vers 27). Wer allein auf die Stimme Jesu in der Bibel hört, ihm und seinem Wort vertraut und gehorsam folgt, und wer glaubt, dass Jesus ihn durch Kreuz und Auferstehung ewiges Leben gegeben hat, ist wiedergeboren und gehört zu Jesu Schafen. Aber wer sein Wort, die Bibel, auch nur teilweise ablehnt oder geringschätzt oder umdeutet, zeigt, dass er nicht zu seinen Schafen gehört.

Aber vielleicht »hören« Sie jetzt, wo Sie sich ernsthafter mit der Bibel beschäftigen, erstmals wirklich seine Stimme, die Sie zu Umkehr und Glauben ruft. Dann kehren Sie um und glauben Sie an ihn! Suchen Sie auch die persönliche Gemeinschaft mit Ihrem Herrn und Erretter im Zwiegespräch mit ihm: Lesen Sie die Bibel – möglichst täglich –, damit Sie ihn mehr kennen- und lieben lernen, weiter seine Stimme hören und ihm folgen, und beten Sie zu ihm mit Ihren eigenen, schlichten Worten. Leben Sie mit ihm und für ihn, bleiben Sie in ihm.

Gemeinde nach Gottes Sinn

Manche Katholiken sind zwar mit den Lehren ihrer Kirche
nicht einverstanden, verbleiben aber dennoch aktiv in ihrer
Kirche. Die meisten kennen keine bessere Alternative zu
einem gemeinschaftlichen Christentum; andere meinen, an
einer Reform der Kirche von innen beitragen zu können;
wieder andere haben persönliche Bindungen. Doch abge-
sehen von den aufgezeigten unbiblischen, irreführenden
Lehren der katholischen Kirche, ist es für einen Christen
aus den folgenden beiden Gründen problematisch, seine
Pfarrei als biblische »Gemeinde« zu betrachten.

Erstens besteht eine Gemeinde der Bibel zufolge nur
aus Gläubigen. Zu einer katholischen Pfarrei zählen
jedoch alle katholischen Einwohner eines bestimmten
Gebiets, völlig unabhängig von ihrer persönlichen Glau-
bensauffassung. So kann es vorkommen, dass man als Katholik mit einem Menschen wie Hitler, der auch katholisch
war, in einer »Gemeinde« ist. Das widerspricht deutlich
dem Wort Gottes, das die Christen auffordert:

> Geht nicht unter fremdartigem Joch mit Ungläubigen!
> Denn welche Verbindung haben Gerechtigkeit und
> Gesetzlosigkeit? Oder welche Gemeinschaft Licht mit
> Finsternis? Und welche Übereinstimmung Christus
> mit Belial? Oder welches Teil ein Gläubiger mit einem
> Ungläubigen? ... Darum geht aus ihrer Mitte hinaus
> und sondert euch ab! spricht der Herr, der Allmächtige
> (2Kor 6,14-17).

Diese Worte erhalten besonders dann Aussagekraft, wenn
man die innige Gemeinschaft bedenkt, die Jesus Christus
für seine Gemeinde vorgesehen hat: Alle Glieder sind ein
Leib (1Kor 12,27), und eine inbrünstige Liebe zueinander

sollte die Glieder kennzeichnen (Joh 13,35). Doch Gläubige und Ungläubige sind nicht Glieder an ein und demselben Leib. Ungeachtet der Herkunft, des Geschlechts, des Alters, des sozialen Status und aller anderen persönlichen Eigenschaften sollen die Christen sich gegenseitig annehmen (Röm 15,7), einzige Voraussetzung ist jedoch der Glaube an Jesus Christus als persönlicher Retter und Herr. Bezüglich jeglicher unchristlichen Glaubenspraxis fordert Gott uns hingegen auf: »Fliehet den Götzendienst!« (1Kor 10,14).

Zweitens ist eine römisch-katholische Pfarrei durch das hierarchische System der katholischen Autoritätsausübung vollständig den römischen Maßregeln unterworfen. Dem katholischen Pfarrer ist durch die offizielle Lehre bis ins kleinste Detail vorgeschrieben, wie er die Pfarrei zu leiten hat, und jeder einzelne Katholik ist verpflichtet, dem Bischof und dem Papst Gehorsam entgegenzubringen. Verstöße sind mit harten Strafen, nicht selten Kirchenausschluss, belegt – zumindest auf dem Papier. Meistens werden diese Strafen nicht durchgesetzt, doch offiziell hat die römisch-katholische Kirche das Recht dazu. Sie verfügt über ein strenges kodifiziertes Rechtssystem, und diesem Rechtssystem ist jeder Katholik unterworfen, ob er will oder nicht, genau wie man als Deutscher dem deutschen Rechtssystem unterworfen ist. Prinzipiell kann ein Katholik also gar nicht seinen biblischen Glauben in einer katholischen Pfarrei ausüben, und noch viel weniger besteht Hoffnung darauf, er könne in seiner Pfarrei oder gar in der katholischen Kirche eine Umkehr zum biblischen Glauben herbeiführen.

Über menschliche und religiöse Satzungen schreibt Paulus:

Wenn ihr mit Christus den Elementen der Welt gestorben seid, was unterwerft ihr euch Satzungen ... Das alles hat zwar einen Anschein von Weisheit, in eigenwilligem Gottesdienst ... dient aber zur Befriedigung des Fleisches (Kol 2,20-23).

Welche Alternativen gibt es nun? Die Zustände in den evangelischen Landeskirchen sind leider meist ebenfalls höchst unbiblisch, und *die* evangelische Kirche kann hier nicht als Alternative zur katholischen empfohlen werden. Auch dort grassieren Unglaube, Bibelkritik und Liberalität bis hin zum praktizierten Neuheidentum – wenn es auch einzelne positive Ausnahmen gibt, z. B. verschiedene um Bibeltreue bemühte Gruppen und Verbände innerhalb der Landeskirchen. Das Thema der Taufe – ob nun Säuglingstaufe oder Gläubigentaufe richtig ist –, ist dabei noch das geringste Problem und hier könnte man sicherlich noch Kompromisse machen.

Neben den evangelischen Landeskirchen gibt es eine recht große Zahl von Christen, die sich in Freikirchen und freien Gemeinden organisiert haben. Sie werden häufig als »Evangelikale« bezeichnet oder auch manchmal abwertend als »Fundamentalisten«. Es ist sicherlich sehr wichtig, dass der Glaube ein Fundament hat – in diesem Fall Jesus und die Bibel, und mit Terrorismus hat das in der Regel nichts zu tun. Zugegebenermaßen gibt es aber die groteskesten Extremisten darunter, meist Minderheiten aus den USA, nicht selten mit stark politischen Ambitionen. Davon möchten wir uns hier ausdrücklich distanzieren – auch wenn ein überzeugter Christ in gewissem Sinne immer ein »Fundamentalist« ist.

Es gibt verschiedene Begriffe für solche – meist freikirchlichen – Christen, die an den grundlegenden Lehren der Bibel wie die Inspiration und Autorität der Bibel,

Gottessohnschaft Jesu Christi, Heilsnotwendigkeit seines Kreuzesopfers, an seiner leibhaftigen Auferstehung und an der Notwendigkeit einer persönlichen Bekehrung und Wiedergeburt festhalten und die Bibel als Wort Gottes und alleinige Richtschnur ihres Glaubens akzeptieren: bibeltreu, evangelikal, reformatorisch, konservativ-evangelisch etc. Eine fest umschlossene und einheitlich organisierte Körperschaft bilden sie jedoch nicht. Das Nachschlagewerk »Gebet für die Welt«[89] gibt für Deutschland eine Zahl von ca. 2 Millionen »evangelikaler« Christen an, die sich neben konservativen Mitgliedern von Landeskirchen u.a. aus Ev. Freikirchen (Baptisten- und Brüdergemeinden), Freien evangelischen Gemeinden, Mennoniten und auch vielen »dachverbandsfreien« Gemeinden zusammensetzen, die z.B. aus Initiativen wie der *Konferenz für Gemeindegründung* (kfg.org) hervorgegangen sind.

Doch diese Zersplitterung der Christenheit in einzelne Denominationen entspricht nicht dem Willen Gottes. Paulus beklagt sich bereits damals bei den Korinthern und ermahnt sie:

... dass ihr alle einmütig redet und nicht Spaltungen unter euch seien ... [Mir ist bekannt geworden] dass jeder von euch sagt: ich bin des Paulus, ich aber des Apollos, ich aber des Kephas, ich aber Christi. Ist der Christus zerteilt? ... (1Kor 1,10-13).

In der Bibel wird nur a) die Gesamtheit aller Christen weltweit und b) die Gesamtheit aller Christen an einem Ort als »Gemeinde« bezeichnet. Diese Vorgabe ist heute

---

[89] von P. Johnstone, Hänssler-Verlag 1993, S. 209; ein Handbuch mit Religionsstatistiken für alle Länder der Welt

leider nicht mehr nach außen hin praktizierbar. Christen sollten in Demut einsehen, dass sie im Verwirklichen dieser Einheit gescheitert sind. Das sollte sie jedoch nicht davon abhalten, Gemeinschaft miteinander zu suchen und zu praktizieren. Die perfekte Gemeinschaft wird es erst im Himmel geben. Wem es wirklich ein Herzensanliegen ist, Christentum in einer biblischen Gemeinde zu leben, sollte sich auf die Suche nach Gläubigen und Gemeinden machen. Das Internet bietet dazu heute eine sehr bequeme Recherche,[90] oder man schaut ins Telefonbuch unter den Stichwörtern »Kirchen« oder »Gemeinden«. Auch ein Besuch in einer christlichen Buchhandlung oder ein Gespräch an einem missionarischen Büchertisch können helfen. Nicht zuletzt hilft auch der Herausgeber dieses Buches gerne bei einer Anfrage nach Gemeinden in Ihrer Nähe weiter. Vergessen Sie jedoch nicht, Gott selbst um Weisung bei Ihrer Suche zu bitten. Suchen Sie nicht nach Idealmenschen, die es nicht gibt, sondern suchen Sie Christus in der Mitte der Seinen. Petrus sagte zu ihm: »Herr, zu wem sollten wir gehen? Du hast Worte ewigen Lebens« (Joh 6,68). Der Herr Jesus ist dort, wo seine Jünger in seinem Namen versammelt sind (Mt 18,20). Und so liegt es uns fern, für eine bestimmte Gruppe zu werben – wo immer Menschen an das biblische Evangelium glauben und Jesus Christus auf alleiniger Grundlage der Bibel im Mittelpunkt steht, dort ist Gemeinde.

Ausdrücklich warnen müssen wir hier natürlich vor den verschiedenen »christlichen« Sekten. Die in Deutschland verbreitetsten Sekten sind die Zeugen Jehovas, die Mormo-

---

[90] Weiterführende Infos und Gemeindelisten z. B. unter www.kfg.org oder www.evangelium21.net, oder auch in unserem Forum www.bifo.de

nen (»Kirche Jesu Christi der Heiligen der letzten Tage«), die Scientology-Kirche, die Christliche Wissenschaft, die Anthroposophen (»Christengemeinschaft«), die Vereinigungskirche (Mun-Sekte), die »Familie der Liebe« und nicht zuletzt die Neuapostolische Kirche. Umstritten in der Zuordnung zu den Freikirchen oder zu den Sekten sind ferner die Siebenten-Tags-Adventisten, die ähnlich wie die röm.-kath. Kirche einige Gesetzeswerke zum Erlangen des Heils hinzugefügt haben.

Die wichtigsten Merkmale einer Sekte sind ein ausgeprägtes Autoritätssystem, eine außerbiblische Offenbarungsquelle oder Lehrautorität mit von der Bibel abweichenden Lehren und die bewusste Abgrenzung nach außen, indem nur den eigenen Mitgliedern eine besondere exklusive Heilszusage zugestanden wird. Anhand dieser Kriterien kann man leicht feststellen, ob man es bei einer bestimmten Gemeinschaft mit einer Sekte zu tun hat. Aber nicht jede Gruppe von Christen, die keiner größeren anerkannten Kirche angehört, ist allein schon deshalb eine Sekte!

Doch auch vor bestimmten neueren Entwicklung unter den Evangelikalen müssen wir warnen: In vielen dieser Gemeinden stehen immer mehr menschliche Bedürfnisse im Mittelpunkt wie Spaß, Unterhaltung, Selbstwertsteigerung, Showdarbietungen, Selbstdarstellung usw. Eine Abkehr von der Bibel und zunehmende Oberflächlichkeit geht damit einher. Stattdessen werden oft spektakuläre, übernatürliche Erfahrungen gesucht bis hin zu angeblichen Wunderheilungen – insbesondere in den sehr verbreiteten »charismatischen« Gemeinden. Hier kämen Sie vom Regen in die Traufe.

Auch wenn heute wirklich bibeltreue Gemeinden gar nicht leicht zu finden sind, können viele ehemalige Katholiken froh bezeugen, dass sich ihnen nach ihrer Bekehrung und ihrem Verlassen der römischen Kirche mit dem Kennenlernen von Christen und Gemeinden, deren Glaubensgrundlage allein die Bibel ist, eine neue, interessante und ungeahnt große Welt der Gemeinde Jesu geöffnet hat. Bibeltreue Christen sind und bleiben zwar eine Minderheit, so wie Jesus es verheißen hat (Mt 7,13-14; Lk 12,32), aber auch in Deutschland gibt es viele Tausende davon. Außer den örtlichen Gemeinden gibt es zahlreiche überregionale Konferenzen und Tagungen, bibeltreue Zeitschriften und Ferienfreizeiten usw., wo man Gemeinschaft und Kontakte pflegen kann. So kann man ein Christentum kennen lernen »ohne Weihrauch und Glockenklang, ohne mächtige Kathedralen und beeindruckende Kirchenfürsten, ohne Mitgliedslisten und Kirchensteuerbeiträgen, ein Reich, von dem Jesus Christus sagt, dass es ›nicht von dieser Welt ist‹ (Joh 18,36) … ein Reich, das keinen Menschen zum Führer hat, in dem es aber doch eine alles entscheidende und bestimmende Instanz gibt: die Heilige Schrift, das Wort des lebendigen Gottes.«[91]

---

[91] Aus dem Nachwort des Vorgängerbuches *Ich bin auch katholisch* von Wolfgang Bühne

Literaturempfehlungen

Die Bibel

Insbesondere für Einsteiger: Lukas- und Johannesevangelium, Apostelgeschichte, Römerbrief. Um den Hintergrund zu verstehen auch 1. Mose bis 2. Mose 20 und weitere Teile des AT.

Tipp dazu: *Der BibelStarter – Bibelleseplan für Einsteiger* führt auf einem verkürzten Weg durch etwa ein Drittel der Bibel, verfolgt dabei den roten Faden und verleiht einen sehr guten Überblick. Auch viele hilfreiche Erklärungen sind enthalten. Langfristig sollte die ganze Bibel gelesen werden und zur täglichen Kost gehören. Der Mensch lebt »nicht vom Brot allein, sondern von jedem Wort aus dem Mund Gottes« (Mt 4,4). Dafür gibt es viele Bibellesepläne, z.B. *Bibellesen mit System*, der wahlweise in 6 Monaten bis 3 Jahren in zeitlicher Reihenfolge durch die ganze Bibel führt, bei täglich 5-20 Minuten Lesezeit.

Gute, sowohl verständliche als auch genaue Übersetzungen sind die »*Schlachter 2000*« (Übersetzer Franz Eugen Schlachter, Revision von 2000) und die *Elberfelder Bibel*. Auch gut ist die verbreitete *Luther-Bibel* mit eingängiger Sprache. Weniger empfehlenswert sind die recht ungenauen freien Übertragungen wie z.B. *Hoffnung für Alle* und *Die Gute Nachricht* oder modernen Slang-Bibeln. Ganz abzuraten ist von der *Neue-Welt-Übersetzung* der Zeugen Jehovas.

Zum Thema Errettung

Bernhard Kaiser: *Christus allein*, Betanien, 220 S.

John Piper: *Endlich leben!* (Wiedergeburt), 3L Verlag, 190 S.

Thomas Watson: *Die Lehre der Buße*, 3L, 112 S.

Arthur W. Pink: *Was ist rettender Glaube?*, Betanien, 190 S.

William MacDonald, *Das tat Gott*, CLV, 128 S.

Thomas Schreiner, *Mit Ausharren laufen*, Betanien, 320 S.

R.C. Sproul: *Was am Kreuz geschah*, Wort Verlag, 192 S.

Zum Thema Katholizismus

J. McCarthy, *Das Evangelium nach Rom – Eine Gegenüberstellung der katholischen Lehre und der Heiligen Schrift*, CLV, 448 S.

Wolfgang Bühne: *Ich bin auch katholisch,* CLV, 160 S.

Richard Bennett: *Von Rom zu Christus Band 1 u. 2* (Zeugnisse ehemaliger Priester, die sich zum Jesus der Bibel bekehrten), je ca. 200 S.

Zum Thema Bibel und ihre Auslegung

Stephen Lonetti: *Roter Faden durch die Bibel*, Betanien, 220 S. (eine Zusammenfassung der biblischen Botschaft der Errettung, insbesondere wie das AT bereits auf Christus hindeutet.)

MacDonald: *Ist die Bibel Wahrheit?*, Betanien, 94 S.

J. F. MacArthur: *Grundlagen des Glaubens*, Betanien, 96 S.

R. C. Sproul: *Bibelstudium für Einsteiger*, Betanien, 140 S.

Werner Gitt: *So steht's geschrieben*, CLV, 250 S.

Zum Thema Leben als Christ

John MacArthur, *Die Welt überwinden*, Betanien, 190 S.

John Piper, *Dein Leben ist einmalig*, CLV, 220 S.

J. MacArthur (Hg.), *Grundlagen des Glaubens*, Betanien, 96 S.

Erwin Lutzer: *Das widerspenstige Ich*, CLV, 190 S.

Zum Thema Gemeinde

J. F. MacArthur, *Die lebendige Gemeinde*, Betanien, 320 S.

Mark Dever: *Neun Merkmale einer gesunden Gemeinde*, 3L, 280 S.

Wayne Mack: *Leben im Haus des Vaters*, CMD, 244 S.

Sie erhalten diese und andere ausgewählte bibeltreue Literatur z.B. im Onlineshop des Betanien Verlags www.cbuch.de